La gran verdad

Elogio de un mesías disidente

Teresa Cañedo-Argüelles

La gran verdad
Elogio de un mesías disidente

Editorial Catriel

Colección Ensayo

CAÑEDO-ARGÜELLES, Teresa

La gran verdad: Elogio de un mesías disidente /
Teresa Cañedo-Argüelles
[1.ª ed.] - Madrid - Catriel, D.L. 2025
126 p. [2] p. de fot. col. - 21 cm - (Colección Ensayo)
ISBN 978-84-87688-44-7

1. Cristianismo - Ensayos - Palestina
1. Cañedo-Argüelles, Teresa. II. Título. III Serie

Diseño gráfico: Carmen Almirón.
Imagen de cubierta: fragmento del Pergamino del Templo, Rollos de Qumrán, Museo
de Israel, siglo II a. C.

Primera edición: 2025
ISBN: 978-84-87688-44-7
Depósito Legal: M-21217-2025

Impreso en España por
Podiprint,
29200 Antequera, Málaga.

Índice

Agradecimiento

Estas páginas están en deuda con Manuel Lizcano Pellón. Mi interés por la figura de Jesús de Nazaret se gestó hace años, mientras él estaba terminando de redactar su obra *Tiempo del Sobrehombre.* Nuestros encuentros me dieron la oportunidad (y el gran privilegio) de ejercer como interlocutora suya, humilde convidada de piedra ante disquisiciones filosóficas que a todas luces me superaban. Pero me enseñaron a pensar sobre lo "ab-soluto", a desgranar lo indescifrable. Así es como la figura humana de Jesús de Nazaret apareció en el radar de mi pensamiento. Manuel Lizcano falleció pasada la Navidad de 2004, no sin antes dejarme pertrechos con los que lanzarme por estos vericuetos. A él mi agradecimiento infinito.

Introducción

En este ensayo se analiza la figura de Jesús, como hombre, desde una perspectiva de filosofía escatológica. Es decir, su concepto de 'salvación', pero en un contexto cósmico donde el alma, la consciencia, enlaza los alcances de la ciencia con incógnitas que esta todavía no ha logrado resolver. Tales factores quedan representados en una ecuación existencial a prueba de cálculo. En esta línea se examina el mesianismo salvador que Jesús asumió voluntariamente como medio para construir una propuesta empírica y a la vez un pensamiento metafísico destinados a orientar el destino ultramundano del hombre como individuo y como especie, partes consustanciales de una 'consciencia cósmica' a la que Jesús confiere propiedad deífica. Como fuentes se combinan escrituras bíblicas (tanto canónicas como gnósticas y apócrifas) con obras filosóficas, históricas y científicas. La interpretación de este material permite explorar la figura de un Jesús hasta ahora inédito y dar una vuelta de tuerca al concepto del cristianismo tradicional y ortodoxo. Este texto se inscribe en el campo de las ciencias sociales, pero va dirigido a un público no necesariamente versado en la materia por lo que, sin menoscabo del máximo rigor científico, se elude el exceso de tecnicismos.

***

Hace tres mil años la región de Palestina era un cruce de caminos que conectaba el Medio Oriente con Grecia, Roma y Egipto[1]. Por allí circulaban mercancías e ideas de mucho calado. Esta circunstancia, unida a las durísimas condiciones de vida que el Imperio romano imponía a la población de Palestina, favoreció allí el razonamiento cuestionador y la disidencia en figuras que eran, por naturaleza, propensas al pensamiento crítico. Sus reflexiones y hechos quedaron registrados en fuentes documentales de una abundancia y riqueza como pocos episodios de la historia de la humanidad podrían acreditar.

Una de aquellas figuras fue la de Jeshua bar Josef (en adelante, Jesús). Las preguntas que aquel vecino de Nazaret se formuló sobre la naturaleza humana y su destino nos las hacemos la mayoría de las personas en algunos momentos de nuestra existencia, sobre todo en situaciones de conflictos interétnicos o interconfesionales como el que actualmente se está viviendo en la franja de Gaza. La historia que a Jesús le tocó vivir durante el primer tercio del siglo I en la región de Siria-Palestina, ocupada a la sazón por los romanos y antes de ellos por los griegos, le dio motivos para ahondar en reflexiones de altísima trascendencia sobre el supremacismo humano. Buscó para ello inspiración en eruditos que le precedieron tanto en su tierra natal como fuera de ella.

---

[1] Recordemos que Egipto, además de ser el granero de Roma, albergaba la Escuela de Alejandría, gran centro intelectual del Mediterráneo regentado a mediados del siglo I d. C. por un filósofo judío-helenístico, Filón de Alejandría.

De gran importancia fueron los patriarcas y profetas bíblicos[2] por cuanto sus admoniciones y presagios, más allá de su veracidad histórica, constituían para los hebreos un referente inapelable. Jesús conocía bien la Torá[3] ya que actuaba como rabino en la sinagoga de Nazaret, oficio que le dio ocasión de adentrarse a fondo en el estudio de las Sagradas Escrituras. Los relatos que discurrían por aquellas páginas defendían la supremacía del pueblo hebreo y justificaban su enfrentamiento con otros pueblos para imponer su dominio sobre territorios que consideraban, por decisión divina, de su legítima propiedad, lo que les daba derecho a sojuzgar sin piedad o incluso a exterminar a quienes, a su entender, los habitaban de manera ilícita[4]. Más allá de lo cuestionables que fueran aquellos argumentos y más allá del rigor histórico de los hechos narrados, unos y otros eran asumidos como intocables por una sociedad sacralizada y atenta a los dictados de la inspiración divina. Para Jesús aquellos relatos eran, sobre todo, una plasmación fidedigna de la perfidia humana

---

[2] Las escrituras proféticas se atribuían a Isaías, Miqueas, Jeremías, Daniel, Zacarías y Ezequiel.

[3] La Torá es la compilación de los cinco primeros libros de la Biblia hebrea que coinciden con el Pentateuco de la Biblia cristiana: Génesis, Éxodo, Levítico, Números y Deuteronomio. Se dice que sus enseñanzas, transmitidas por Yahvé a Moisés en el monte Sinaí y en el Tabernáculo, fueron transcritas por aquel profeta. Sin embargo, los expertos en estudios bíblicos consideran que estos textos fueron escritos tras el cautiverio de Babilonia (586-537 a. C.), basándose en fuentes orales y escritas más tempranas. La Torá contiene asimismo otras leyes y relatos fundacionales del pueblo hebreo que constituyen su marca de identidad.

[4] Un resumen de la historia del pueblo hebreo puede verse en el primer apéndice que aparece al final del texto.

y un aviso a navegantes sobre el fatal destino que esperaba a nuestra especie cuya inexorable fractura se debía a la pertinaz colisión de intereses entre seres y facciones rivales.

Como vía de supervivencia (salvación) Jesús concibió un plan de solidaridad a gran escala, empezando por la región de Palestina donde él habitaba, y se propuso asumir el liderazgo de aquel objetivo premuniéndose él mismo de identidad mesiánica. Contaba para ello con el aval bíblico, dado que pertenecía a la casa del rey David[5] a cuya estirpe, según las profecías de Miqueas[6], Jeremías[7] e Isaías[8], debería pertenecer el Mesías redentor próximo a llegar. Por si fuera poco, a aquellas señales proféticas se añadía la 'gran verdad', enigmática predicción hecha por Sócrates momentos antes de morir reivindicando la solidaridad humana y atribuyendo la salvación de la humanidad a un vecino de Galilea que llevaría por nombre Jesús. Esto sucedía en el año 399 a. C. cuando a Jesús le faltaban todavía casi cuatrocientos años para nacer[9]. Esta sorprendente alusión a Jesús de Nazaret podría explicarse por el hecho de que aquella reflexión postrera, registrada por su discípulo Platón, no fue editada hasta el año 1513, momento en que el editor añadiría al texto el nombre de Jesús de Nazaret, una vez que la historia había ya desvelado la identidad mesiánica atribuida a Jesús[10].

---

[5] *Sagrada Biblia,* Salmos de David, 72, p. 764; y 89, pp. 776-777.
[6] *Sagrada Biblia,* Miqueas, 5, p. 1199.
[7] *Sagrada Biblia,* Jeremías, 33, p. 1045.
[8] *Sagrada Biblia,* Isaías, 9, p. 948.
[9] Platón, 1965, p. 27.
[10] Me refiero a las primeras ediciones de *Diálogos socráticos (Diálogos de Platón),* Imprenta Aldina, Venecia, 1513 y Henri Estienne, París 1578.

La filosofía griega había dejado una considerable impronta en Palestina siendo numerosos los cenáculos que concitaban a estudiosos y pensadores de la región[11]. También la filosofía hinduista contaba al menos con uno de aquellos cenáculos[12]. Por su parte, Filón de Alejandría, destacado filósofo judío-helenístico, afianzó el sincretismo de ambos mundos en la Escuela de Alejandría, centro intelectual del Mediterráneo que él lideraba a mediados del siglo I y cuyos estudios atraían a los grupos eruditos de todo el Medio Oriente. Uno de ellos fue el de los esenios, afincados desde el siglo II a. C. en las cuevas del Qumrán, junto al Mar Muerto. Con este grupo Jesús intercambió ideas de influencia judaica y helenística, así como del hinduismo védico[13] que él mismo habría tenido ocasión de conocer en sus probables visitas a la India[14]. Los principios humanistas y filantró-

---

[11] Estos cenáculos de filosofía helenística se hallaban en las ciudades de Sebaste, Samaria, Tolemaida, Tiro, Sidón y, sobre todo, en Decápolis.

[12] Se trataba de la escuela budista de Theravada, conocida como "Enseñanza de los Ancianos" o "Budismo del Sur". Según el obispo griego Cirilo de Jerusalén (315-386) Terebinthus, identificado como Buda, habría visitado Palestina y Judea antes de instalarse en Babilonia. *Cf.* Cirilo de Jerusalén: *Cathechetical Lectures,* nº 6, secciones 22-34.

[13] Los conceptos védicos fueron registrados en los *Upanishads* o *Upanisads*, libros sagrados hinduistas escritos en forma de diálogos filosóficos. Tratan sobre el conocimiento de Dios y del universo. Los forman más de doscientos libros que se escribieron en idioma sánscrito entre los años 3200 y 311 a. C.

[14] Nicolás Notovitch (1894) corresponsal ruso, visitó en 1887 India y Tíbet. En el monasterio de Hemis en Ladakh (India) tuvo noticias de un manuscrito donde se registraba la presencia y actividad allí del "Santo Issa" (nombre árabe de Jesús). Varios autores y académicos se interesaron

picos de aquellas culturas, recogidos y difundidos en Palestina por esta secta y a través de los cenáculos helénicos e hinduistas asentados en la región, inspirarían la filosofía de vida por la que Jesús apostó. La misma que él transmitiría a sus seguidores, algunos de los cuales se agruparían en las llamadas sectas gnósticas de hechura muy parecida a las de los esenios por cuanto reivindicaban la equidad entre los seres humanos[15], incluidos los desfavorecidos identificados como 'prójimos'.

Aquella propuesta era sumamente perturbadora, casi subversiva, pues atentaba contra el supremacismo que los romanos ejercían por entonces sobre los sectores más vulnerables de la sociedad palestina haciéndolos soportar una presión económica e ideológica a todas luces desmedida. Pero el objetivo de Jesús no se reducía a salvarlos a ellos por razones caritativas (que también) ni a resolver los supremacismos locales (que también), sino a salvar, nada menos, a la humanidad en su conjunto como especie planetaria.

---

por investigar la veracidad de este supuesto. Entre ellos Swami Abhesanda, discípulo del místico bengalí Sri Ramakrishnna y amigo del filósofo alemán Max Müller, especialista en estudios indios, quien en 1922 parece que conoció el manuscrito y lo ayudó a traducirlo. El académico británico James Archibald Douglas, profesor de historia en el Government College, Agra (India), también visitó aquel monasterio en 1895 y publicó sus hallazgos en el *New York Times*, el 19 de abril de ese año. Fueron numerosos los investigadores que repitieron la visita al monasterio de Hemis en Ladakh, pero todos ellos encontraron reticencias para acceder al documento cuyo contenido desconocemos, por lo que no contamos con pruebas fehacientes que corroboren aquel suceso.

[15] Evangelio gnóstico de Felipe, p. 51.

El proyecto salvador de Jesús tenía una doble dimensión, empírica y metafísica. Como plan empírico proponía practicar la solidaridad entre todos los seres humanos, débiles o poderosos sin distinción. Esta disidencia frente al sistema establecido conllevaba un alto riesgo pues se pagaba con la vida (si no que se lo dijeran a Sócrates[16], a los profetas bíblicos[17] o a él mismo y a sus apóstoles dentro de muy poco[18]). Este plan lo expuso públicamente en términos muy sencillos para hacerlos entendibles a todo tipo de audiencia. Así, cuando se dirigía a gente poco instruida utilizaba alegorías y parábolas que la ayudaran a reinterpretar su mensaje comparándolo con episodios de sus propias vidas. Son los dichos y hechos que la Iglesia canonizaría en los evangelios y epístolas[19].

Pero los hilos de sus discursos condujeron a consideraciones metafísicas mucho más profundas solo entendibles por quienes tuvieran el oído fino. Tales fueron algunos de sus seguidores más cercanos cuyos testimonios serían recha-

---

[16] Sócrates fue condenado a morir envenenado por cicuta.

[17] Daniel (600-530 a. C.) fue arrojado a los leones; Isaías (765-695 a. C.) murió ajusticiado por el rey Manasés; Jeremías (626-586 a. C.) y Zacarías (450 a. C.) murieron ambos apedreados.

[18] Mateo y Marcos murieron decapitados; Lucas fue colgado de un árbol; Juan fue sumergido en aceite hirviendo; Santiago murió decapitado; Pedro murió crucificado boca abajo; Bartolomé murió degollado; Andrés murió crucificado en una cruz en forma de X; Tomás murió traspasado por una lanza; Matías murió apedreado y decapitado, y Pablo murió decapitado. Evangelio de San Mateo, 24, p. 1262.

[19] Me refiero a los cuatro evangelios canónicos atribuidos a San Marcos, San Mateo, San Lucas y San Juan, y a las cartas de San Pedro, Santiago, San Juan y San Judas Tadeo.

zados por la Iglesia[20]. En ellas se cuestionaba la propia esencia de Dios, muy distante del Yahvé de la Torá.

Para Jesús Dios no tenía asignado un lugar, sino que ocupaba todo el espacio cósmico, de tal modo que algunos de sus fragmentos se instalaban en las almas humanas consustanciándose con ellas. Además, Dios no tenía preferencias por ningún pueblo en particular ni otorgaba privilegios ni tierras de promisión a nadie. Dios no actuaba de ningún modo, porque no era un ser en sí mismo, sino un 'estado' en otros. Un estado de 'bien' y de 'mal' de proporciones tornadizas y cuya proporcionalidad se dirimía en el alma, en la consciencia de cada persona por obra de su propio albedrío, influido este por factores solo explicables en términos ontológicos-deíficos. Para Jesús el alma humana era de naturaleza divina, una chispa de divinidad eterna contenida en un envase corporal perecedero. Por mediación de esa chispa divina el hombre, generando una determinada cuota de bien, podría encauzar su destino hacia su propia salvación y, por extensión, hacia la salvación de la humanidad en su conjunto.

---

[20] Me refiero a Felipe, María Magdalena, Juan, Tomás y Judas Iscariote cuyos evangelios fueron rechazados por la Iglesia por su cripticismo (por no estar al alcance del entendimiento general) y por no ajustarse al canon eclesiástico. Se denominaron evangelios gnósticos porque sus autores pertenecían a agrupaciones gnósticas o sectas que la Iglesia calificó de heréticas. El término gnóstico significa conocimiento intuitivo. Además de esos cinco hubo otros evangelios también rechazados por las mismas razones pero que fueron atribuidos a autores no gnósticos y a los que se les llamó evangelios apócrifos. El término 'apócrifo' significa oculto en griego, o bien falso o de dudosa autenticidad.

Esta filosofía escatológica la deducimos de los testimonios de Jesús recogidos en el material bíblico canonizado por la Iglesia (sobre todo evangelios canónicos, epístolas y hechos). También de las confidencias que hizo a algunos de sus seguidores más cercanos en privado[21].

Estas últimas son las que la Iglesia rechazó y calificó como apócrifas o bien gnósticas. Quedaron plasmadas en textos escritos sobre papiro que permanecieron ocultos al resguardo de las campañas de depuración emprendidas por Roma entre el 64 y el 313 contra el cristianismo primitivo. Una buena parte de estos textos han sido hallados recientemente en sitios arqueológicos de Cisjordania y Egipto. A todas estas fuentes me referiré ahora.

Sobre las fuentes

Las fuentes escritas que nos han llegado sobre Jesús de Nazaret y su entorno son muchísimas. En el Antiguo Testamento de la Biblia aparecen alusiones indirectas a esta figura, pero es en el Nuevo Testamento, sobre todo en los evangelios y epístolas, donde encontramos las principales referencias para su estudio. El Antiguo Testamento fue canonizado tanto por el judaísmo[22] como por la Iglesia católica[23], pero el Nuevo

---

[21] Estos discípulos fueron Felipe, María Magdalena, Juan, Tomás y Judas Iscariote, es decir, los evangelistas gnósticos.

[22] El judaísmo concedió valor canónico al Pentateuco (Génesis, Éxodo, Levítico, Números y Deuteronomio) en el siglo V a. C. Dos siglos más tarde hizo lo mismo con los libros proféticos de Isaías, Jeremías, Ezequiel, Daniel, Miqueas y Zacarías. En el 90 d. C. canonizó el resto de las Escrituras, es decir, Jueces y Reyes, Crónicas de Paralipómenos, Esdras, Judit, Ester, Macabeos, Job, Salmos, Proverbios, Sabiduría y Eclesiástico.

Testamento tan solo obtuvo el reconocimiento de esta última[24] siendo objeto de diferentes traducciones y versiones[25].

Los evangelios canónicos, los atribuidos a San Mateo[26], San Marcos[27], San Lucas[28] y San Juan[29] son relatos

---

El Nuevo Testamento no fue reconocido por el judaísmo.

[23] La Iglesia católica canonizó el Antiguo Testamento en 1546, en el Concilio de Trento.

[24] La Iglesia católica canonizó el Nuevo Testamento (cuatro evangelios, siete epístolas, catorce cartas de San Pablo, los Hechos de los Apóstoles y el Apocalipsis) en el año 367 d. C., por iniciativa de Anastasio de Alejandría y lo refrendó en el año 397 d. C., en el Concilio de Cartago.

[25] A fines del siglo IV d. C. San Jerónimo realizó una traducción al latín del Antiguo y del Nuevo Testamento. Se trata de la *Vulgata*, versión declarada por el Concilio de Trento (1545-1563) como la versión legítima de la Biblia católica. Entre 1502 y 1517 el cardenal Francisco Giménez de Cisneros con la intervención de Antonio de Nebrija realizó una edición políglota de la Biblia en la Universidad de Alcalá –traducida al hebreo, griego, latín y arameo– conocida como la *Biblia Políglota Complutense.* No obstante, existen otras dos versiones de la Biblia: la *Revised English Bible*, que contiene 14 textos no incluidos en la versión oficial y la *New Revised Standard Version* que contiene otros 17 apartados no incluidos en la misma.

[26] El evangelio que se atribuye a San Mateo fue el más utilizado por la iglesia primitiva cristiana. Su objetivo fue dar testimonio a los judíos de que en Jesús se cumplían todas las profecías del Antiguo Testamento relativas al Mesías.

[27] San Marcos fue el fundador y primer obispo de la iglesia de Alejandría. Se le llama a veces Juan Marcos. Acompañó a Pablo de Tarso en su primer viaje.

[28] San Lucas fue colaborador de Pablo de Tarso. Probablemente tiene un origen griego. Entrevistó a los testigos de los acontecimientos que relataba y por eso entraba en detalles de la vida privada de Jesús. Fue autor de los Hechos de los Apóstoles.

[29] San Juan era hermano de Santiago el Mayor e hijo de Zebedeo. Fue uno de los discípulos más queridos de Jesús. A petición suya cuidó de

referidos a Jesús recopilados durante los cien años que siguieron a su muerte por personas que directa o indirectamente conocieron sus dichos o sus hechos. Estos testimonios proceden del llamado *Documento Q* (de *Quelle*, o fuente en alemán) cuyo texto original se desconoce. Fueron escritos en formato no narrativo y sirvieron de base para la redacción de los evangelios canónicos, al menos los atribuidos a San Mateo, San Marcos y San Lucas, llamados 'sinópticos' por presentar coincidencias casi exactas en el vocabulario, estilo y estructura. De estas coincidencias se infiere la existencia de dicho documento, el cual habría constituido su fuente original única[30]. Todos estos evangelios canónicos ponen el énfasis en las virtudes relacionadas con la fraternidad y el altruismo, es decir, en la dimensión empírica de la doctrina de Jesús.

Fuera del canon bíblico tenemos otros evangelios, los apócrifos y los gnósticos a los que ya nos referimos arriba[31], los cuales están relacionados con la dimensión metafísica de su doctrina. Unos y otros ponen el foco en el origen y el destino del hombre como parte consustancial de Dios y como parte de la unidad cósmica universal. La Iglesia tildó esta idea de críptica por contener "enseñanzas reservadas a unos pocos". Además, se apartaba de la jerarquía vertical establecida por Roma, de modo que decretó la destrucción de todos los testimonios y vestigios que la acreditaban. Sin embargo,

---

su madre, María, tras su muerte. Fue uno de los pilares de la iglesia gnóstica primitiva, de ahí que parte de su evangelio sea considerado gnóstico.

[30] Vidal, 2007, p. 12; Pagola, 2008, p. 281.

[31] *Cf.* nota 20.

algunos de aquellos textos, completos o en fragmentos, se salvaron gracias a que los miembros de las sectas gnósticas del cristianismo primitivo que los custodiaban los ocultaron en vasijas de cerámica enterrándolas luego en diferentes lugares del Medio Oriente para evitar su pérdida[32]. Gracias a esta precaución algunos de ellos han sido recientemente recuperados. Me refiero a los Manuscritos de Nag Hammadi (1945) hallados en el Alto Egipto[33], los Manuscritos del Mar Muerto o Rollos de Qumrán (1947) hallados en la cueva del Qumrán, en Cisjordania[34], los Papiros de Oxirrinco hallados en Oxirrinco, Egipto (1822)[35] y el *Códice tchakos* o Evan-

---

[32] Nazzari Verani, 2018; Lumpkin, 2022, p. 50.

[33] Los documentos de Nag Hammadi conocidos como evangelios gnósticos fueron hallados en 1945 en el interior de una vasija por los campesinos Abu, Mohamed y Califa. Algunos de aquellos documentos se destruyeron, otros fueron vendidos a un comerciante llamado Rajib, hasta que en 1956 se depositaron en la biblioteca copta de El Cairo. Se componen de 52 libros escritos originalmente en griego entre los siglos I y II d. C. y traducidos a la lengua copta entre los siglos III y IV d. C. Este cuerpo documental contiene los siguientes documentos: Evangelio de Tomás; Evangelio de Santiago (I y II); Apocalipsis de Pablo; Segundo Tratado del Gran Set; Oración de Pablo; Evangelio Apócrifo de Juan; Apocalipsis de Adán; Evangelio de Felipe; Carta de Pedro a Felipe; Evangelio de Valentín; un texto matemático griego; un libro del Antiguo Testamento; dos códices con el Evangelio de Judas Iscariote y las Cartas de Pablo; y el evangelio de María Magdalena.

[34] Los Manuscritos del Mar Muerto constan de 972 documentos escritos en hebreo y arameo entre 250 a. C. y 66 a. C. Contienen la copia más antigua de la Biblia, así como cuatro textos gnósticos escritos en copto.

[35] Los Papiros de Oxirrinco se compusieron hacia el 150 d. C. en el seno de la Logia de Iesus. Incluyen el Evangelio secreto de Santiago, el

gelio de Judas Iscariote (1978) hallado en Menia, en el Medio Egipto[36].

Este último evangelio, el de Judas Iscariote, despertó especial interés por su radical heterodoxia. El texto fue mencionado por primera vez por San Ireneo, obispo de Lyon, en el año 180 en su obra *Contra los herejes*[37]. Se trata de revelaciones hechas por Jesús a Judas Iscariote en conversaciones privadas. Fue escrito entre los años 140 y 160 d. C. y traducido desde el griego al copto[38] entre los años 220 y 340 d. C. Consta de 250 líneas (siete páginas) contenidas en un códice de 66 páginas que incluye otros varios documentos[39].

Actualidad de esta investigación

El Pentateuco, es decir, Génesis, Éxodo, Levítico, Números y Deuteronomio, forma parte del Antiguo Testamento de la Biblia. Pero también forma parte de la Torá, el libro sagrado de los judíos. Para ellos este texto constituye hasta hoy día un referente inapelable. El actual primer ministro de Israel, Benjamín Netanyahu, lo ha utilizado reciente-

---

Evangelio no canónico de Tomás y otra versión del Evangelio de María Magdalena.

[36] Este códice, además del Evangelio de Judas, contiene otros tres documentos: carta de Pedro a Felipe, carta a Santiago y libro de Alógenes.

[37] Ireneo de Lyon, 2017.

[38] El copto se refiere a una lengua y a una cultura propias del Alto Egipto. Se asocia a un sistema eclesiástico basado en las enseñanzas de San Marcos que fue quien introdujo el cristianismo en aquella región en el siglo I d. C. *Cf.* Lumpkin, 2022, p. 102.

[39] Lumpkin, 2022, p. 102.

mente como hoja de ruta para justificar su ataque indiscriminado a la franja de Gaza so pretexto de destruir al grupo terrorista Hamás. El 24 de octubre de 2023, en una alocución televisiva afirmó que "bajo ningún concepto accedería a un alto al fuego sobre este territorio". Apeló para ello a las Sagradas Escrituras diciendo textualmente: "tal como dice la Biblia, hay un tiempo para la paz y un tiempo para la guerra".

Aquel alegato, lanzado sin el más mínimo recato ante los medios de comunicación de medio mundo, despertó mi asombro. Decidí investigar sobre lo que dice exactamente la Biblia acerca de la guerra. Para ello debí retrotraerme a la que los israelitas emprendieron a su regreso de Egipto para recuperar Canaán (Palestina) siguiendo los dictados exterminadores de su dios Yahvé y donde aparece por primera vez la referencia a Gaza. Se trataba aquel de un territorio situado "al oriente y mediodía del Jordán" donde se incluían las tierras de filisteos, cananeos y Gaza, con un total de treinta y un reyes[40]. Era la tierra que Yahvé prometió a los patriarcas Abraham, Isaac y Jacobo Israel, la Tierra Prometida sobre la que el pueblo de Israel hizo valer su derecho sin reparar en expolios, sometimientos y exterminios sobre los pueblos que la habitaban previamente a su llegada:

> En los territorios del sur de Canaán Josué destruyó Maceda, pasó a todos los vivientes al filo de la espada sin dejar uno solo y trató a su rey como había tratado al de Jericó. Yahvé entregó también Libna a Israel con su rey y la pasó al filo de

---

[40] *Sagrada Biblia,* Josué, 12-13, p. 264-265.

la espada [...] sin dejar escapar uno [...] pasó luego a Laquis y pasó a todos los vivientes al filo de la espada. Entonces Horam, rey de Gazer, subió para socorrer a Laquis, pero Josué lo derrotó sin dejar escapar a nadie [...]. Pasó luego a Eglón [...] luego a Hebrón [...] luego a Dabir [...]. Batiolos a todos Josué desde Cadesbarne hasta Gaza y todo el territorio desde Gosen hasta Gabaón [...]. Después Josué tornó al campamento, a Gálgata[41].

Los espeluznantes detalles de aquellas masacres hicieron que los textos bíblicos tardaran en ponerse al alcance del vulgo occidental manteniéndose, durante toda la época medieval, a resguardo en los monasterios cristianos. Hasta que a mediados del siglo XVI los protestantes (luteranos y calvinistas) reclamaron el derecho a la exégesis bíblica, es decir, el derecho a la libre lectura e interpretación de la Biblia. Este hecho, entre otros, desencadenó el enfrentamiento entre católicos y protestantes durante las guerras de religión que asolaron Europa hasta fines del siglo XVII, permitiendo que hoy día podamos leer libremente todos sus textos. Y comprobar que el pueblo judío sigue obedeciendo a pies juntillas las ordenanzas de exterminio que supuestamente su dios Yahvé le dictó a Moisés hacia el año 1250 a. C. a cuenta de la supuesta entrega de una tierra de promisión que le había hecho a sus patriarcas hace casi cuatro mil años.

---

[41] *Sagrada Biblia*, Josué, 1-11, p. 262-263.

I. Cosmos y deidad

"Al principio creó Dios los cielos y la tierra. La tierra estaba confusa y vacía y las tinieblas cubrían la haz del abismo [...]. Dijo Dios haya luz y hubo luz. Y vio Dios ser buena la luz y la separó de las tinieblas"[42].

La ciencia sitúa este episodio en un punto donde no existían el espacio ni el tiempo. Tan solo un plasma primigenio de composición no identificada.

Hace 13.800 millones de años se generó una emisión de neutrinos que interactuaron con otras partículas concentrándose con tanta intensidad que se produjo una explosión cósmica conocida como *Big Bang.* En una fracción de segundo la temperatura ascendió desencadenando un fenómeno de radiación (fotones) así como la aparición de materia-plasma (bariones). Esta materia buscó agruparse en aquel fluido produciendo ondas esféricas que se desplazaban a la velocidad del sonido ("oscilación acústica de bariones", BAU).

Tras iniciarse el enfriamiento de aquel gas, aquellos bariones y fotones se separaron y las oscilaciones quedaron congeladas. Fue entonces cuando aparecieron el helio y el hidrógeno, materias que formarían el primer cosmos o uni-

---

[42] *Sagrada Biblia*, Génesis, 1, p. 3.

verso conocido. En aquel contexto surgieron el tiempo y el espacio, así como las leyes físicas que conocemos[43].

Al hidrógeno y al helio se fueron añadiendo, tras el *Big Bang*, otros minerales que surgieron mediante combinaciones producidas por efecto de aquella gran explosión inicial. Se formaron así los astros. En uno de ellos, en nuestro planeta Tierra (y tal vez en otros), se daría luego un segundo paso hacia la transición evolutiva, desde la materia mineral inerte hasta una materia bacteriana dotada de vida.

Los biólogos no consiguen hallar una explicación plausible para comprender ese cambio sustancial, de lo inerte a lo biológico. Y menos aún se explican el tercer salto cualitativo que vendría después, es decir, cómo los seres vivos compuestos de una sola célula acabaron poseyendo un cerebro dotado de 86.000 millones de neuronas las cuales interactuaban, al igual que el propio universo, según leyes sujetas al espacio-tiempo. Y lo más admirable de todo fue que en este cerebro apareciera finalmente la consciencia.

Lo que conocemos del universo se reduce a un 5% de su composición. Nada se nos dice sobre aquel plasma primigenio que precedió a la gran explosión cósmica del *Big Bang*. Ni qué motivó la emisión de aquellos neutrinos causantes de ella. Ni tampoco sabemos de qué se compone el 95% de la sustancia cosmológica conocida como materia oscura (23%) y energía oscura (72%). Oscuras porque permanecen fuera del radar de la astrofísica. De ellas solo

---

[43] AA.VV., "Hidrógeno y helio en el universo: elementos primordiales y su importancia", blog Observando el universo, https://observandoeluniverso.es/hidrogeno-y-helio-en-el-universo.

sabemos que poseen una masa ultrabaja que no emite ni refleja luz ni radiación, ni tampoco interactúa con la radiación electromagnética ni con la materia común. Aunque su naturaleza es una incógnita, la astrofísica admite su existencia como un hecho incuestionable infiriéndola a partir de los efectos gravitacionales que esta materia y energía oscuras ejercen sobre la materia común (astros y galaxias)[44].

Así pues, el universo, al menos en lo que respecta al 95% de su composición, sigue siendo un misterio. Ello se presta a especulaciones acerca de la esencia de ese porcentaje esquivo para la ciencia. Por ejemplo, hay quien piensa que el universo tiene 'consciencia', lo que daría pie a suponer que dicha consciencia tiene relación con ese 95% de la composición cósmica. ¿Consciencia cósmica?

✳✳✳

La neurociencia define la consciencia como "la capacidad de algunos seres vivos de reconocer la realidad circundante y de relacionarse con ella". Sostiene también que "las neuronas actúan colectivamente para producir consciencia y que la disposición neuronal del cerebro produce la facultad

---

[44] La materia oscura fue propuesta por Fritz Zwicky en 1933 ante la evidencia de una masa no visible que, si bien no emite ni refleja luz, ni radiación, ni tampoco interactúa con la radiación electromagnética ni con la materia común, influiría en las velocidades orbitales de los cúmulos en las galaxias, así como en las lentes gravitacionales o en la temperatura del gas. *Cf.* Zwicky, 1963. Por su parte, Bernard Carr propuso que la materia oscura se concentra en los agujeros negros primordiales que se formaron tras el *Big Bang. Cf.* Carr, 2020.

cognitiva"[45]. La neurofisiología y la biología cuántica, ramas de la neurociencia, han propuesto recientemente que la consciencia humana, más allá de ser una facultad que nos permite reconocer la realidad y relacionarnos con ella, tiene propiedades cuánticas. Que ella misma, la consciencia, es una onda cuántica y como tal puede superponerse, estar en diversos lugares al mismo tiempo o entrelazarse para conectarse con partículas alejadas del cerebro, en cualquier punto del universo. Esto significa que el cerebro podría estar conectado con una estructura externa[46].

Para algunos científicos, la facultad consciente de percibir la realidad y de relacionarse con ella es impulsada por la mente, es decir, por las neuronas del sistema cerebral humano, y lo hace como consecuencia del entrelazamiento cuántico de parejas de fotones[47].

Pero todavía no encuentran explicación para que se produzca la necesaria sincronización de los millones de neuronas que intervienen en ese complejo proceso de entrela-

---

[45] Definición tomada del *Diccionario de la Real Academia Española*, según la neurociencia.

[46] El premio Nobel de física Sir Roger Penrose y el médico Stuart Hameroff propusieron en los años noventa la teoría de la "reducción objetiva orquestada" que afirma que la consciencia es un proceso cuántico facilitado por los microtúbulos de las células nerviosas del cerebro, los cuales, en un estado de consciencia elevado o consciencia de nivel cuántico, permitirían estar en varios sitios a la vez o conectarse con partículas cuánticas fuera del cerebro, en cualquier lugar del universo. En otras palabras, el cerebro podría estar conectado con una estructura externa. *Cf.* Penrose, 2012.

[47] Sobre el entrelazamiento cuántico *cf.* Yong-Cong Chen *et al.*, 2024.

zamiento cuántico de fotones. Esto sigue siendo una incógnita.

Más allá de estos sorprendentes avances de la ciencia, no es raro que los profanos en la materia nos empeñemos en especular sobre las incógnitas que escapan al conocimiento científico y que acabemos haciendo osadas conjeturas sobre la mente, el espíritu y el alma.

Jesús interconectó los tres elementos –él seguramente con mayor conocimiento de causa– a juzgar por la atinada respuesta que le dio a María Magdalena cuando le preguntaba "si las visiones se veían por el alma o bien por el espíritu", a lo que él le respondió: "no se ven las visiones ni por el alma ni por el espíritu, sino por la mente que está en los dos"[48]. El alma y la consciencia eran para él una misma cosa producida por la mente, es decir, por el sistema neuronal de cada persona.

La combinación de los tres elementos, alma, consciencia y mente del ser humano, tendría su correlato en el universo al que Jesús le confería un valor deífico. Lo definía como "un grandioso, invisible e ilimitado espíritu cuya extensión no ha sido vista por generación alguna[49] [...] la estirpe grande y santa que no está sujeta a señor alguno[50] [...] todo cuanto existe en este universo cambiante está en el seno de la divinidad"[51]. Aseveraciones que estaban en línea con el pensamiento hinduista del que Jesús fue deudor: "Lo

---

[48] Evangelio de María Magdalena (B), p. 77.

[49] Evangelio de Judas (A), p. 25.

[50] Evangelio de Judas (A), pp. 25, 72 y 76.

[51] *Ibidem.*

absoluto […] vive en los humanos y vive en los dioses […] tiene su origen en la verdad […]. Es el ser supremo"[52].

Aquellas afirmaciones tampoco se apartaban demasiado de las que algunos científicos actuales (incluso los declarados ateos) reconocen admitir. Ellos ignoran de qué se componía aquel plasma primigenio que precedió al *Big Bang* y en qué momento o circunstancias apareció. Tampoco pueden explicar cómo se articularon las 'bisagras' responsables de las transiciones biológicas evolutivas en nuestro universo; desconocen asimismo qué son la materia y la energía oscuras. Ante tantas incógnitas optan por admitir la intervención de una fuerza superior, una especie de "incógnita x" a la que los creyentes convienen en llamar Dios. Pero no solo los creyentes. Stephen Hawkins, que no lo era, acabó admitiendo esta posibilidad[53]. Si bien, ni el Dios de Hawkins ni el Dios de los cristianos tienen nada que ver con un ser superior. De eso va este ensayo.

***

Sin ánimo de entrar en cuestiones de fe y a modo de avance, me atrevo a sugerir que estas propuestas deíficas encaminadas a despejar las incógnitas de nuestro universo no se asientan necesariamente en una religiosidad irracional, sino que obedecen a una lógica científica, y lo creo así por tres razones:

---

[52] *Upanisads,* Khata Upanisad, segunda parte, canto II, verso 2, p. 100.

[53] Hawkins, 1988.

1.ª. La ciencia sugiere que la materia oscura cósmica carece de masa, por lo que no emite ni refleja luz. Así pues, es invisible y no interactúa con otras materias[54]. Lo mismo sucede con la consciencia. Carece de masa, no emite ni refleja luz, es invisible y no interactúa con otras materias. Estas similitudes permiten suponer que la conciencia humana es una réplica de la consciencia cósmica. En otras palabras, que el cerebro humano es una réplica del propio universo. En tal caso sería razonable examinar la consciencia no solo como un fenómeno biológico, sino también como un fenómeno cósmico. De ahí que no sea tan descabellado suponer que existe una consciencia cósmica, coincida esta o no, con la materia oscura.

2.ª. La ciencia sugiere que el cerebro humano está dotado de un mecanismo cuántico generador de consciencia. Se trata de procesos neuronales que provocan el entrelazamiento de parejas de fotones. Ese entrelazamiento exige la sincronización previa de millones de neuronas, sincronización que ofrece millones de opciones y de las que se derivan otros tantos millones de modos de generar consciencia. Hasta donde se sabe, tal sincronización escapa a las propiedades neuronales del cerebro[55]. Por tanto, la generación de consciencia obedecería a 'leyes' que no son cerebrales, sino que provienen del exterior, de una estructura inherente al propio universo[56]. Una estructura, a decir de Jesús, de otro

---

[54] *Cf.* nota 44.

[55] *Cf.* nota 47.

[56] *Cf.* nota 46.

mundo: "he venido al mundo gracias a otro mundo, desde un mundo"[57].

3.ª. La ciencia sugiere que la consciencia es "la facultad de percibir la realidad y de relacionarse con ella"[58]. Esto significaría que la consciencia humana tiene propiedad creativa ya que, al relacionarse con la realidad puede modificarla e incluso crearla. Es decir, que la consciencia es una herramienta creadora de realidades. Si aceptamos que la 'creación' es una facultad propia de Dios, inferimos que la consciencia cósmica, al igual que su correlato la consciencia humana, tendría propiedades 'divinas'.

De todo ello concluimos que la consciencia cósmica (el universo), con su propiedad deífica, se halla en estrecha relación con la consciencia humana. Aquella estaría flotando en la inmensidad del cosmos fuera de nuestro alcance, hasta el instante en que pone pie en tierra instalándose en la mente de un ser humano dotándolo así de consciencia-alma. Así pues, nuestro cuerpo tiene la misión de actuar como recipiente de la consciencia cósmica o *alma mater*, parte de la cual es distribuida en tantos fragmentos como seres humanos nacen a la vida. Fragmentos de consciencia que buscan acomodo en el espacio anímico (cerebral) del ser humano. Al hacerlo se consustancian con el hombre. Es la conscienciación cósmica del ser humano, su divinización o sobrehumanación, a lo que Jesús se refería cuando, con tanta insistencia, afirmaba que Dios está dentro de cada uno de nosotros.

---

[57] Evangelio de María Magdalena (A), folio 17, línea 1, p. 80.

[58] *Cf.* nota 45.

Este fenómeno de consustanciación se produce al iniciar el hombre su tránsito por la vida terrenal. A su término, el envase corporal se descompone volviendo al polvo estelar e inerte de donde procede. Jesús lo explicaba así:

> Cuando las personas han consumido su tiempo en este reino y el espíritu las abandona, sus cuerpos mueren, pero sus almas viven y son asumidas[59] […]. La naturaleza de la materia es volver a sus elementos originales[60] […]. Toda la naturaleza, todas las cosas formadas y todas las criaturas que existen en y con las demás, se disolverán de nuevo en sus propios elementos, en sus elementos originales[61].

Diferentes maneras de decir que el espíritu, una vez liberado del cuerpo, se reintegra en la consciencia cósmica de la que toda consciencia procede como parte de la unidad sideral.

La idea de unidad estaba muy presente en la filosofía hinduista de la que Jesús era deudor:

> Aquel que ve todos los seres en el ser, y al ser en todos los seres, comprende y no rechaza nada[62] […]. ¿Qué ilusión o qué sufrimiento puede haber en aquel ser humano para

---

[59] Evangelio de Judas Iscariote (A), p. 23.

[60] Evangelio de María Magdalena (B), p. 50.

[61] Evangelio de María Magdalena (B), p. 76.

[62] *Upanisads*, Isa Upanisad, Introducción de Sankara, verso 2, p. 126.

quienes todos los seres son el ser porque ve la unidad?[63] [...]. Como el río fluye se vuelve indiferenciado al llegar al mar, abandonando su nombre y forma llega al espíritu luminoso, más elevado que lo elevado[64].

***

Al abandonar su cuerpo, el espíritu o consciencia no vuelve al cosmos de vacío, sino que arrastra con él un bagaje compuesto de dos estados generados durante su existencia terrenal: el bien y el mal. Estados ambos inherentes a dicha consciencia la cual, dada su facultad cognitiva, permite al ser humano identificar y distinguir perfectamente el uno del otro: "El hombre emergió dotado de lengua, ojos, oídos y un corazón inteligente capaz de conocer el bien y el mal". Estas palabras fueron pronunciadas por el judío-helenístico Ben Sirá entre 190 y 175 a. C. en la Escuela de Sabiduría que él mismo regentaba en Alejandría[65].

El bien y el mal serían, pues, estados anímicos asociados a la consciencia del ser humano de tal modo que este, su consciencia, se hallaría ante la tesitura de adoptar continuas modificaciones según el caudal que adquiriera de cada uno de esos componentes en cada momento. Dicho de otro modo, cada consciencia humana es distinta dependiendo de la

---

[63] *Upanisads*, Isa Upanisad, Introducción de Sankara, verso 7, p. 127.

[64] *Upanisads*, Svetasvatara Upanisad, Introducción de Sankara, p. 144.

[65] *Sagrada Biblia*, Eclesiástico, 17, p. 900.

proporcionalidad de bien o de mal que haya generado a lo largo de la vida.

Pero ¿de qué depende esa proporcionalidad? Se trata de una decisión de cada individuo, una decisión voluntaria y libre, aunque no del todo. Pues la voluntad del individuo opera bajo ciertas influencias que él no siempre puede manejar, como son, por un lado, su herencia genética y, por otro, la cultura o circunstancias que le hayan tocado en suerte.

Jesús tuvo estos factores muy en cuenta a la hora de juzgar las conductas. No a todo el mundo podía medírsele por el mismo rasero, de ahí su distinta manera de valorar al publicano y al fariseo. El uno al condolerse con humildad por su incumplimiento de los preceptos, el otro al vanagloriarse de haberlos cumplido a rajatabla[66]. Uno y otro pertenecían a esferas existenciales diametralmente opuestas, cada una con su diferente caudal de habilidades, posibilidades y recursos.

El factor cultural citado en la parábola es conocible y cuantificable y hasta cierto punto manejable por la libre voluntad del individuo (por su libre albedrío). El factor genético no tanto. Sin embargo, a estos dos factores hay que añadir uno más que no es conocible ni cuantificable en absoluto, pero que interviene claramente en la conducta humana, es decir, en el acto de obrar bien o mal. Me refiero a los procesos neuronales encargados de entrelazar fotones y de sincronizar neuronas. Estos procesos, como veíamos antes[67], escapan a las leyes biológicas que conocemos, por lo que consti-

---

[66] *Sagrada Biblia,* Evangelio de San Lucas, 18, p. 1330.

[67] *Cf.* nota 47.

tuyen una incógnita. Así pues, la ecuación existencial que proponemos quedaría representada mediante la siguiente fórmula:

$$
\begin{aligned}
\text{Albedrío (voluntad)} = \\
= A \text{ (herencia genética)} + B \text{ (cultura)} + C \text{ (incógnita X)}
\end{aligned}
$$

Con todas las reservas del caso, admitimos, pues, que cada ser humano goza de cierta libertad, de cierto libre albedrío para conducirse, pero lo hace de acuerdo con unos principios de bien o de mal que responden a su propia percepción de la realidad, hecho en el que intervienen los tres factores señalados, A, B y C. Dicha percepción lo lleva a interpretar la realidad de una determinada manera y al hacerlo la transforma o incluso puede crear nuevas realidades. El suceso creativo, aunque parezca extraño, es de lo más común, lo vivimos a cada paso, por ejemplo, generando, con un simple ademán, cuotas de felicidad o de dolor en otros, es decir, creando sentimientos que previamente no existían.

***

Bien y mal son estados opuestos, a modo de los electrodos de una pila, positivo y negativo, constructivo y destructivo. Ambos libran un continuo pugilato dentro de la consciencia individual procurando cada uno aumentar su calibre frente al otro. El pensamiento hinduista, lo mismo que la filosofía gnóstica deudora de Jesús, admitía la creencia en un mundo compuesto de estas dos sustancias o estados: bien y mal, idea que concurre en las cosmovisiones de casi todas las culturas originarias[68].

Los avá guaraníes asignaban a la porción espiritual del ser humano, a la consciencia, una propiedad divina o *ñe´eng*. Se manifestaba mediante la palabra 'alma'. Esta representaba la dimensión erguida o vertical del ser humano, su espiritualidad, y actuaba como herramienta de interlocución con los dioses. A la otra porción del ser humano, el cuerpo material, la llamaban *angé*. Representaba su dimensión horizontal, su animalidad, el impulso que lo hacía reptar a ras de tierra para satisfacer los apetitos corporales[69].

Al optar por uno de esos estados lo que el ser humano persigue es alcanzar su bienestar. Un mismo propósito, pero de diferente coste. En el contexto ontológico que aquí manejamos, el bien tiene un alto componente altruista y con él se busca el bienestar de los demás, la conveniencia de ellos. Por su lado, el mal tiene un alto componente egocéntrico y con él se busca el bienestar propio sin reparar en el beneficio o perjuicio que ello suponga para otros. El mal coopta espacios anímicos relacionados con el placer, sea este orgánico (alimento, sexo, etc.) o bien social (éxito, estatus, supremacía), todos ellos menos empáticos con el bienestar ajeno.

---

[68] Nosotros hemos analizado en detalle este fenómeno para los casos amerindios de los Andes y de la Sub-Amazonía. *Cf.* Cañedo-Argüelles, 2013 y 2014.

[69] Cañedo-Argüelles, 2014, pp. 16-18.

Para los hinduistas el bien es un camino hacia la verdad y el conocimiento de la verdad abre al sabio la puerta hacia la liberación y hacia la eternidad[70]. Lo dicen así:

> La verdad supone para el hombre una renuncia a las ataduras del nacimiento y su llegada a un estado que está más allá del mal[71] [...]. Supone su llegada al conocimiento del supremo absoluto y a un estado de inmortalidad[72] [...]. Si un ser humano comprende esto aquí, antes de que su cuerpo se desintegre, quedará libre de la esclavitud del mundo. Mientras que, si no lo comprende, tendrá que volver a tener un cuerpo en alguno de los mundos creados[73].

Como procedimiento, el hinduismo propone la práctica de actos asociados al sacrificio, a la austeridad y a la caridad. En ese orden. Jesús toma la estela hinduista pero invierte el orden del procedimiento colocando la caridad en primer término. Y lo hace porque la suya no es una filosofía individualista sino colectiva. Piensa en la salvación del hombre como individuo, pero sobre todo, en la salvación de la humanidad como especie y como unidad.

La suya era una escatología cósmica. Por eso, como procedimiento empírico de salvación Jesús apostó por virtu-

---

[70] *Upanisads*, Svetásvatara Upanisad, Introducción de Sankara, p. 147.

[71] *Unanisads*, Svetásvatara Upanisad, Introducción de Sankara, p. 144.

[72] *Upanisads,* Svetásvatara Upanisad, Introducción de Sankara, p. 144.

[73] *Upanisads*, Kata Upanisad, canto 3, verso, pp. 105-106.

des basadas en el altruismo y en la filantropía, es decir, en el bien del prójimo. Ese era el camino que llevaba al supremo absoluto y a la eternidad. Él llamó a esto "reino de los cielos". Los griegos lo llamaban βασιλεία το θεο. Sócrates, la "gran verdad".

Sin embargo, no es oro todo lo que reluce. Los hinduistas pensaban que el supremo absoluto se componía tan solo de bien: "es puro, incorpóreo, sin rastros de sufrimiento, sin nervios, inmaculado, libre de mal"[74]. Pero a diferencia de ellos, Jesús entendía que el supremo absoluto, la consciencia cósmica, contenía una cuota de malignidad y por lo tanto también en la consciencia humana el bien convivía con el mal, es decir, Dios no era un 'estado' único sino dual. Al igual que algunos teólogos y pensadores, Jesús equiparó al Dios supremo, responsable de nuestra felicidad, con el bien, y al Dios creador, responsable de nuestras penurias, con el mal. A este último lo identificó con el diablo[75] o bien con 'dioses menores' asociados a vicios como "la ignorancia, la soberbia, el poder, la lujuria, la venganza y la ira"[76]. También llegó a identificarlo con Yahvé, el dios sanguinario de las Escrituras judías: "el mal espíritu que, mandado por Yahvé, le turbaba al rey Saúl apoderándose de él. El espíritu malo a quien solo conseguía apartar haciendo sonar los acordes de su arpa"[77]. San Juan, en su evangelio apócrifo, siguiendo la estela de Jesús, afirmaba que "junto al Dios su-

---

[74] *Upanisad*, Isa Upanisad, versículo 8, p. 127.
[75] Evangelio apócrifo de Juan, pp. 80-101.
[76] Evangelio de María Magdalena (B), pp. 77-78.
[77] *Sagrada Biblia*, Samuel, 16, p. 335.

premo creador estaban los arcontes o feudatarios de Yaldabaoth, Dios creador del mundo material con sus pasiones y
angustias"[78].

---

[78] Evangelio apócrifo de Juan, pp. 80-101.

II. Disidencia y mesianismo

Jesús nació en Galilea en el año 4 d. C., en la ciudad de Nazaret. Para entonces los romanos llevaban casi setenta años ejerciendo su dominio en la provincia de Palestina, llamada también Judea. Aquel territorio, además de Galilea, incluía las subprovincias de Samaria, Judea, Idumea y Perea[79]. Todas ellas estaban bajo el reinado de Herodes I el Grande, hombre de paja dispuesto a doblegarse sin rechistar al poder de Roma. A su muerte, en el año 4 d. C., repartió aquel reino entre sus tres hijos recayendo la subprovincia de Galilea en Herodes Antipas. Con el nuevo mandatario no cesó el abuso de poder que Roma ejercía sobre el pueblo palestino, sino que se exacerbó, lo que hizo estallar una serie de rebeliones que fueron reprimidas mediante brutales castigos con miles de crucificados. Aquel escenario de opresión, mostrado a la luz pública, no dejaría impasible a Jesús. Prendió en él una llama de disconformidad ante el supremacismo y

---

[79] En el año 64 a. C. el Imperio romano se incorporó la región de Canaán (la tierra prometida bíblica) a la que dieron el nombre de provincia romana de Siria-Palestina y más tarde Judea. En el año 135 d. C. cesó la ocupación romana y ese mismo año, tras la segunda rebelión judía, los romanos rebautizaron la región con el nombre de Palestina. Los límites de este territorio eran difusos. Los marcaba el curso del río Jordán que fluye durante 320 km desde el norte del lago Tiberíades o Mar de Galilea hasta el Mar Muerto.

la injusticia que inspiraría una filosofía escatológica que él decidió canalizar mediante el fomento de hábitos de humildad y de solidaridad:

> Ya sabéis cómo los considerados príncipes ejercen su imperio sobre las naciones. No ha de ser así entre vosotros; sino el que quiera ser grande entre vosotros será vuestro servidor y el que quiera ser el primero entre vosotros será siervo de todos[80].

Los evangelios sitúan el nacimiento de Jesús en Belén, pues en su persona debían cumplirse las profecías bíblicas: "Belén de Efratá, pequeña entre los clanes de Judá, cuyos orígenes son de remota antigüedad, de ti saldrá quien señoreará en Israel"[81]. Se daba la circunstancia de que Jesús procedía de aquella tribu, la de Judá, cuarto hijo de Jacob, de la que también descendía su antepasado el rey David. Fue la única tribu de Israel que permaneció fiel a las leyes mosaicas después de que, tras la llegada a Canaán (o Palestina) desde Egipto, las demás tribus de Israel cayeran en la idolatría: "Por eso Yahvé arrojó a Israel de su presencia y no quedó más que la tribu de Judá. Pero tampoco Judá guardó sus mandamientos"[82]. A pesar de todo, la tribu de Judá mantendría, hasta hoy día, su legitimidad ante el pueblo judío.

Según aquellas profecías Jesús debía nacer en Belén, no en Nazaret donde residía su familia. El censo ordenado por

---

[80] *Sagrada Biblia,* Evangelio de San Marcos, 10, p. 1288.
[81] *Sagrada Biblia,* Miqueas, 5, p. 1199.
[82] *Sagrada Biblia,* Reyes, 17, p. 450.

Publio Sulpicio Quirino[83] sería la excusa para justificar este cambio de sitio. En el año 6 d. C. aquel gobernador romano obligó a la población de toda Palestina a empadronarse en el lugar correspondiente a su estirpe[84]. Puesto que los padres de Jesús pertenecían a la casa de David cuya sede estaba en Belén, fue allí donde María y José debieron acudir a registrarse. Sin embargo, la historia nos dice que, para la fecha de aquel censo (año 6 d. C.), Jesús llevaba ya unos años en el mundo, al menos dos, ya que nació durante el reinado de Herodes I el Grande, hecho que transcurrió entre el 40 a. C. y el 4 d. C.[85] También la historia desmiente el decreto de aquel rey ordenando dar muerte a los niños menores de dos años, razón por la que la familia de Jesús huiría a Egipto[86]. Allí viviría Jesús, efectivamente, durante un tiempo, pero por razones que escapaban a aquel luctuoso y supuesto episodio bíblico[87].

Siendo muy joven se le sitúa en Jerusalén departiendo en el templo "con los doctores de la ley"[88]. También lo ve-

---

[83] Quirino era a la sazón gobernador de la provincia romana de Siria a la cual acababa de incorporarse el territorio de Palestina.

[84] El episodio histórico de aquel empadronamiento tuvo lugar el año 6 d. C. Se hizo por orden de Quirino quien gobernó Judea ese único año. El historiador Flavio Josefo (siglo I d. C.) menciona este censo en sus obras *Antigüedades judías* y en *La guerra de los judíos*.

[85] Para mayor constancia puede añadirse que Jesús murió durante la administración de Poncio Pilato en Judea, entre el 23 y el 36 d. C., año en que este prefecto fue depuesto.

[86] La "matanza de los inocentes" no fue consignada por el historiador Flavio Josefo, enemigo acérrimo de Herodes, lo que hace descartar que tal matanza sucediera.

[87] *Sagrada Biblia,* San Mateo, 2, p. 1230.

[88] *Sagrada Biblia,* San Lucas, 2, p. 1303.

mos en Nazaret, su ciudad natal, oficiando como rabino: "Vino a Nazaret donde se había criado y, según su costumbre, entró en día de sábado en la sinagoga y se levantó para hacer la lectura"[89]. Aparte de estos episodios poco más sabemos sobre su vida antes de lanzarse a la misión evangélica, aunque existen indicios para suponer que durante los años previos viajó a la India donde se desempeñaría como estudiante y maestro en el monasterio de Hemis en Ladakh[90].

El idioma que entonces se hablaba en Galilea era el arameo. El hebreo se reservaba para contextos de ritualidad[91] mientras que en círculos intelectuales y cultos se utilizaba el griego. Es de suponer que Jesús conociera los tres idiomas.

Consta que tuvo cuatro hermanos varones, Santiago, José, Simón y Judas[92], así como varias hermanas. Una de ellas, María, lo acompañaría junto a su madre y a su discípula María Magdalena durante el trayecto que lo condujo con la cruz a cuestas hacia el Calvario:

> Había tres Mariam quienes caminaban con el maestro todo el tiempo: su madre, su hermana y la Magdalena que era su pareja[93].

---

[89] *Sagrada Biblia*, Evangelio de San Lucas, 4, p. 1305.

[90] *Cf.* nota 14.

[91] El arameo había desplazado al hebreo desde el exilio de Babilonia (586-537 a. C.).

[92] Vidal, 2007, p. 43.

[93] Evangelio de María Magdalena (A), p. 12; Evangelio de Felipe, p. 57. Según el evangelio de San Lucas, esta María no era hermana de Jesús, sino hermana de su madre, "la de Cleofás". *Cf. Sagrada Biblia*, Evangelio de San Lucas, 19, p. 1373.

Mucho se ha especulado sobre su matrimonio con aquella seguidora incondicional por la que Jesús mostró abierta predilección. Según el evangelio de Felipe, "Jesús la amaba a ella más que a todos los demás discípulos y la besaba a menudo en la boca"[94]. Aquel favoritismo era flagrante: "Seguramente el Salvador la conoce bien, por eso la amó más que a nosotros"[95], decía Mateo. Esta predilección tampoco les pasó inadvertida a Andrés[96] ni a Pedro[97], ni tampoco a ella misma cuando aseguró que Jesús, tras su muerte, se le había aparecido antes que a nadie para que diera cuenta a los demás discípulos de su resurrección[98].

Sin embargo, si nos atenemos a la defensa pública que Jesús hizo del celibato, parece dudoso que la relación que mantuvo con María Magdalena tuviera un cariz sentimental o carnal. Lo deducimos de la respuesta que dio a un grupo de fariseos cuando le preguntaron sobre la conveniencia de casarse: "lo que Dios une no lo separe el hombre. Pero el hombre que opta voluntariamente por el celibato y guarda la continencia, muestra su amor al reino de Dios"[99].

Casi nada es lo que ha trascendido sobre la vida privada de Jesús, más allá de dedicar buena parte de su tiempo al estudio. La lectura de la Torá le permitió conocer a fondo el pasado de Israel al tiempo que observaba la realidad política que le tocó vivir en su Galilea natal. Hechos todos

---

[94] Evangelio de Felipe, p. 60.
[95] Evangelio de María Magdalena (B), p. 79.
[96] Evangelio de María Magdalena (B), p. 78.
[97] Evangelio de María Magdalena (B), p. 79.
[98] Evangelio de María Magdalena (B), p. 77.
[99] *Sagrada Biblia,* Evangelio de San Mateo, 19, p. 1255.

ellos que, ante sus ojos, eran reveladores del ansia de dominio que se imponía como paradigma de la condición humana, no del pueblo judío en particular, sino de la humanidad en su conjunto, "de oriente a occidente"[100].

Esta visión holística del hombre, inspirada en la filosofía helenística e hinduista, lo llevó a involucrarse de forma muy activa en la disidencia ideológica que se prodigaba desde tiempos del dominio de Grecia en la región (333-67 a. C.)[101]. En los cenáculos eruditos locales se promovía el estudio de las Sagradas Escrituras contenidas en la Torá[102], pero, a la vez, se estudiaba el pensamiento de Parménides, Sócrates, Platón o Aristóteles, estimulando el debate sobre temas ontológicos relacionados con el bien, la justicia, el universo, la unidad del ser o la sustancia eterna[103].

La filosofía helenística colisionaba con el judaísmo ortodoxo defendido por los más refractarios a su influencia, pugna que derivaría en la revuelta de los Macabeos (166-160 a. C.), la primera guerra ideológica y religiosa de la historia[104]. Sin embargo, la filtración griega en el pensamiento judaico sería imparable. En la escuela de Alejandría (Egipto) fundada entre los años 190 y 175 a. C. por el erudito judío Ben

---

[100] *Sagrada Biblia,* Evangelio de San Mateo, 8, p. 1238.

[101] *Cf.* nota 11.

[102] La Torá fue traducida al griego en la Escuela de Alejandría (285-246 a. C.) centro intelectual del Mediterráneo. A ese texto se le dio el nombre de Septuaginta (LXX) y fue aceptado como la parte del Antiguo Testamento denominada Pentateuco. No se conservan los originales de esta obra.

[103] Platón, 1965, pp. 15, 34 y 37.

[104] *Sagrada Biblia,* Macabeos, 1-15, pp. 617-682.

Sirá[105], destacaron conspicuos pensadores judío-helenísticos que proclamaban el bien y el mal como estados anímicos asociados a la consciencia del hombre[106]. Ejemplos de ello fueron el egipcio Filón de Alejandría (20 a. C.- 45 d. C.) y más tarde el palestino Eneas de Gaza (450-534 d. C.), ambos neoplatónicos, aunque el segundo muy influido ya por el cristianismo.

Fue en el contexto de aquel diálogo intercultural donde surgió en la región de Palestina la congregación judía de los esenios. Sus miembros, tras apartarse del movimiento macabeo, se establecieron en el valle del Qumrán, cerca del Mar Muerto, en Cisjordania. Allí llevaban una vida ascética dedicada al estudio e interpretación de las revelaciones proféticas. Se les conocía como la "congregación de los pobres"[107] y apostaban por una filosofía altruista muy próxima al hinduismo difundido por los Vedas[108]. En ellos hallaría

---

[105] Jesús Ben Sirá es autor del Eclesiástico o Libro de la Sabiduría del Antiguo Testamento. Este libro fue compuesto en hebreo hacia el año 197 a. C. y estuvo dirigido a los judíos de la diáspora para afirmarlos en la ley de Moisés.

[106] *Sagrada Biblia,* Eclesiástico, 17, p. 900.

[107] El sitio original de Qumrán data del siglo VIII a. C. Posteriormente, tras la revuelta de los Macabeos contra el poder helenístico (166-159 a. C.), esta fortaleza fue ocupada por la congregación judía de los esenios, cuyos componentes eran opositores al líder Jonatán Macabeo. Los esenios se regían por una estricta disciplina basada en las antiguas Escrituras y en la interpretación de la 'ley' revelada a su fundador, conocido como el "Maestro de justicia". Sus manuscritos constituyen la versión más antigua de la Biblia hebrea o Antiguo Testamento.

[108] Veda significa saber. Los Vedas son textos sagrados del periodo védico hinduista (1500-500 a. C.) que constituyen la fuente de la espiritualidad hindú. Fueron escritos en forma de estrofas o mandalas por sacer-

Jesús el *alter ego* de su pensamiento. En las cuevas donde habitaron se ha hallado una colección de 972 manuscritos escritos en arameo, hebreo y griego, fechados entre los años 250 a. C. y 66 d. C.[109], donde se recogen testimonios de Juan el Bautista y de Jesús, lo que hace pensar que ambos pertenecieron (o estuvieron muy próximos) a esta congregación mística.

En cambio, Jesús no simpatizó con otras comunidades judías mucho más integristas e intransigentes como fue la de los zelotes, la más violenta ante el dominio romano[110]. Tampoco simpatizó con los escribas cuyas conductas insolidarias habían suscitado la recriminación de los profetas:

> ¡Ay de los que dan leyes inicuas y de los escribas que escriben prescripciones tiránicas para apartar del tribunal a los pobres y conculcar el derecho de los desvalidos para despojar a las viudas y robar a los huérfanos[111].

---

dotes (filósofos, poetas y sabios) como medio de conexión con las deidades a través del conocimiento.

[109] En una de las cuevas donde habitaron los esenios, conocida como la cueva del Qumrán, se escondieron los rollos donde plasmaron su pensamiento. Se conocen como los Rollos del Mar Muerto. La mayoría están redactados en hebreo, algunos en arameo y otros en griego. En 1947 unos beduinos descubrieron accidentalmente los primeros recipientes de cerámica donde se contenían aquellos papiros. En la década de 1950 Roland de Vaux realizó las primeras excavaciones y en 1956 se hallaron en otras once cuevas las demás vasijas con el resto de los manuscritos.

[110] La historia contabiliza más de sesenta rebeliones.

[111] *Sagrada Biblia,* Isaías, 10, p. 949,

Especialmente crítico fue con la secta de los fariseos[112]. Esta agrupación había surgido en la región hacia el año 150 a. C. con un cariz elitista y ultraortodoxo. Sus miembros, junto con los escribas y saduceos, formaban parte del sanedrín, consejo de ancianos cuyos miembros actuaban en toda Judea como jurisconsultos bajo supervisión romana. Su alianza con Roma la demostrarían mediante la ayuda que prestaron a su gobierno durante las revueltas judías de Masada y Gamla[113].

Como pago por aquella alianza les sería permitido fundar escuelas donde promovieron las enseñanzas de Moisés. La principal de ellas estuvo en la ciudad de Yavne, cerca de Jerusalén. Pero muchas otras se fundaron en Galilea prosperando así el judaísmo rabínico dedicado a recopilar creencias y tradiciones judías para plasmarlas en el Talmud[114].

Los fariseos fueron blanco de duras censuras por parte de Jesús:

---

[112] Los fariseos eran acérrimos defensores de la ley de Moisés cuya obediencia ponían por encima de la fe y de las conductas.

[113] Estas revueltas se inscriben en las llamadas guerras judeo-romanas que se desarrollaron en tres etapas: 1.ª 66-73, 2.ª 115-117 y 3.ª 132-135.

[114] El Talmud es una obra didáctica, un código civil y religioso que recoge la tradición oral referida a leyes, costumbres y leyendas judías. Fue elaborado entre los siglos III y V por eruditos hebreos. Tuvo dos versiones, la de Babilonia en Mesopotamia y la de la provincia romana de Siria-Palestina. Junto con la Torá (texto escrito por Moisés a partir de las revelaciones recibidas de Dios en el Sinaí y en el Tabernáculo entre los siglos XIV y XIII a. C.) constituye la fuente escrita fundamental de la religión de los judíos.

¡Ay de vosotros escribas y fariseos que cerráis a los hombres el reino de los cielos![115] [...]. ¡Ay de vosotros escribas y fariseos, hipócritas que recorréis mar y tierra para hacer un solo prosélito y luego le hacéis hijo de la gehena [...] insensatos y ciegos que no juráis por el templo sino por el oro del templo [...] parecéis sepulcros encalados![116] [...]. ¡Ay de vosotros fariseos que pagáis el diezmo de la menta y de la ruda y de todas las legumbres y descuidáis la justicia![117] [...]. Los escribas y fariseos habéis robado las llaves del cielo, pero las habéis escondido[118] [...]. Os será quitado el reino de Dios y será entregado a un pueblo que rinda sus frutos[119].

A pesar de su abierta animadversión hacia los fariseos, Jesús contaría entre ellos con dos fieles seguidores: su buen amigo José de Arimatea y San Pablo, aunque este último no llegaría a conocerlo en persona.

En cambio, parece que Jesús no contó con el respaldo de su entorno familiar: "ni sus hermanos creían en él"[120]. Ello se debió a los recelos que sus ideas insumisas despertaban: "quien se avergonzare de mí y de mis palabras, de él se avergonzará el hijo del hombre cuando venga en su glo-

---

[115] *Sagrada Biblia,* Evangelio de San Mateo, 23, p. 1261; Evangelio de Tomás, p. 121.

[116] *Sagrada Biblia,* Evangelio de San Mateo, 23, p. 1261.

[117] *Sagrada Biblia,* Evangelio de San Lucas, 11, p. 1320.

[118] Evangelio de Tomás, p. 121.

[119] *Sagrada Biblia,* Evangelio de San Mateo, 21, p. 1259.

[120] *Sagrada Biblia,* Evangelio de San Juan, 7, p. 1353.

ria"[121], les advertiría a sus paisanos. Su hermano Santiago[122] y, sobre todo, su primo Juan, fueron relevantes excepciones.

***

La disidencia de Jesús respondía al desmedido abuso de poder que los romanos ejercían sobre el pueblo de Palestina. Era la misma supremacía que, según las Escrituras, los israelitas habían ejercido a instancias de Yahvé sobre los pueblos a los que abatieron durante su asentamiento en la Tierra Prometida. Iniquidad sobre iniquidad. El abandono que aquel Dios padeció por parte de los israelitas a pesar de la protección que les había dispensado, no lo dio por vencido. Siguió ayudando a aquel pueblo ingrato a vencer sobre cualquier vecino que osara disputarle su hegemonía. Pero los profetas, hablando en nombre de Yahvé, se encargarían de poner a los israelitas en su sitio. A través de sus oráculos asestaron duras acusaciones contra ellos al tiempo que lanzaban una osada proclama en defensa de los desfavorecidos (lo que pagarían bien caro[123]):

Pueblo de gente pecadora cargado de iniquidad[124].
Pueblo sin Dios que hace cosas abominables, no hay entre ellos nadie que haga el bien [...] ni uno solo[125].

---

[121] *Sagrada Biblia,* Evangelio de San Lucas, 9, p. 1315.

[122] *Sagrada Biblia,* Evangelio de San Lucas, 8, p. 1313; Evangelio de San Mateo, 12, p. 1245.

[123] Daniel fue arrojado a los leones (posteriormente salvado); Isaías murió seccionado por orden del rey Manasés; Jeremías y Zacarías murieron ambos apedreados.

[124] *Sagrada Biblia,* Isaías, 1, p. 940.

[125] *Sagrada Biblia,* Salmos de David, 14, p. 727.

Sion, pueblo que se prostituye. Sus príncipes son prevaricadores y compañeros de bandidos. Todos aman el soborno y
van tras los presentes[126].

Yahvé les introdujo en tierra fértil para que comieran sus
frutos y sus bienes, pero contaminaron la tierra e hicieron
abominable su heredad[127].

Todos son adúlteros, gavilla de ladrones que caminan de
iniquidad en iniquidad[128].

Pueblo que no hace justicia al huérfano, desatiende la causa
de la viuda[129] y se queda con los despojos del pobre[130].

Los despojos del pobre llenan sus casas y han machacado su
rostro. Los príncipes son prevaricadores, aman el soborno y
no hacen justicia al huérfano[131].

Hay malvados que llenan su casa de rapiñas. Así se han en-
grandecido, así engordaron […] y se pusieron lustrosos y
traspasaron las palabras de Yahvé malvadamente; no juzgan
el derecho del huérfano; no hacen justicia a la causa de los
pobres. De un pueblo como este ¿no habré yo de tomar venganza?[132].

La venganza vendría anunciada con estas amenazas:

Tus hombres caerán a la espada y tus héroes en la batalla. Y
tus puertas gemirán y se lamentarán[133].

---

[126] *Sagrada Biblia,* Isaías, 1, p. 941.
[127] *Sagrada Biblia,* Jeremías, 2, p. 1004.
[128] *Sagrada Biblia*, Jeremías, 9, p. 1013.
[129] *Sagrada Biblia*, Isaías, 1, p. 941.
[130] *Sagrada Biblia,* Isaías, 3, p. 943.
[131] *Sagrada Biblia*, Isaías, 1, p. 940.
[132] *Sagrada Biblia*, Jeremías, 5, p. 1009.
[133] *Sagrada Biblia*, Isaías, 3, p. 943.

Levantad bandera hacia Sion, salvaos, no os detengáis porque voy a hacer venir la desgracia del septentrión, una gran catástrofe[134].

¿No podré hacer con Jerusalén y sus ídolos lo que hice con Samaria y los suyos?[135].

Pero tales amenazas no llegarían a cumplirse pues al final, en la recámara, estaba el anuncio de una esperanza redentora que los israelitas confiaban ver cumplida para que, a pesar de los pesares, se abriera para ellos, como 'pueblo elegido', la puerta de su salvación:

Sion[136] será redimida por la rectitud y sus convertidos por la justicia[137]. A lo último llenará de gloria el camino del mar y la otra ribera del Jordán, la Galilea de los gentiles[138].

Es tiempo de angustia para Jacob, pero de él vendrá la salvación a Israel y a Judá. Y ese día quebraré el yugo de sobre su cuello y no serán más siervos de extranjeros, sino que servirán a Yahvé su Dios y a David su rey. No tiembles Israel[139].

Brotará un retoño del trono de Jesé (padre del rey David), un vástago de Yahvé que no juzgará por vista de ojos ni argüirá por oídas de oídos, sino que juzgará en justicia al pobre y en equidad a los humildes de la tierra. Y herirá al tirano

---

[134] *Sagrada Biblia*, Jeremías, 4, p. 1006.

[135] *Sagrada Biblia*, Isaías, 10, p. 949.

[136] Sion fue una fortaleza jebusea situada en Jerusalén y conquistada por el rey David durante su reinado (1040-970 a. C.). Era considerada como un centro espiritual de los judíos.

[137] *Sagrada Biblia*, Isaías, 1, p. 941.

[138] *Sagrada Biblia,* Isaías, 9, p. 948.

[139] *Sagrada Biblia*, Jeremías, 30, p. 1039.

con la vara de su boca y con el soplo de sus labios matará al impío[140].

Porque salvará al indigente que implora y al pobre que no tiene quien le ayude. Tendrá piedad del débil y salvará las almas de los pobres. Rescatará sus almas de la opresión y de la violencia y será preciosa su sangre a los ojos de él[141].

Yo suscitaré a David un renuevo de justicia que hará derecho y justicia sobre la tierra. En esos días será salvada la casa de Judá y la casa de Israel […]. No faltará a David un varón que se siente sobre el trono de la casa de Israel[142].

El pueblo que andaba entre tinieblas vio una luz grande […]. Resplandeció una brillante luz [143][…] porque nos ha nacido un niño, nos ha sido dado un hijo que tiene sobre los hombros la soberanía y que se llamará maravilloso consejero. Dios fuerte […] sobre el trono de David y de su reino, para afirmarlo y consolidarlo en el derecho y en la justicia desde ahora para siempre jamás[144].

He hecho alianza con mi elegido, he jurado a David mi siervo[145]. Afirmaré por siempre su prole y estableceré su trono por generaciones […]. Haré subsistir por siempre su descendencia y su trono como los días del cielo […]. Su descendencia durará eternamente[146]. Su reinado durará tanto como el sol y permanecerá ante la luna de generación en generación[147].

---

[140] *Sagrada Biblia*, Isaías, 11, p. 950.

[141] *Sagrada Biblia*, Salmos de David, 72, p. 764.

[142] *Sagrada Biblia*, Jeremías, 33, p. 1045.

[143] *Sagrada Biblia*, Isaías, 9, p. 948.

[144] *Ibidem*.

[145] *Sagrada Biblia*, Salmos de David, 89, p. 776-777.

[146] *Ibidem*.

[147] *Sagrada Biblia*, Salmos de David, 72, p. 764.

Belén de Efratá, pequeña entre los clanes de Judá, cuyos orígenes son de remota antigüedad, de ti saldrá quien señoreará en Israel[148] [...]. Yo suscitaré a David un renuevo de justicia que hará derecho y justicia sobre la tierra[149] [...]. Nos ha sido dado un hijo que tiene sobre los hombros la soberanía y que se llamará maravilloso consejero. Dios fuerte [...] sobre el trono de David y de su reino, para afirmarlo y consolidarlo en el derecho y en la justicia desde ahora para siempre jamás[150].

Jesús hizo suyas aquellas censuras, amenazas y promesas. Estas últimas se resolvió a cumplirlas tomando la firme y apasionada decisión de asumir él mismo el mesianismo redentor anunciado por los profetas. Como descendiente que era de la casa de David, como habitante que era de la "Galilea gentil" y, sobre todo, como inquebrantable defensor que era de aquellos "pobres, humildes de la tierra, indigentes, oprimidos y extranjeros", que eran ignorados cuando no vilipendiados, se resolvió a proclamar un reino eterno con todos y para todos.

Su propósito trascendía los límites de Israel. La maldad atribuida a Israel por boca de profetas, historiadores y reyes no podía ser un defecto exclusivo de aquel pueblo, sino de la humanidad en su conjunto y en todo tiempo, desde el Génesis: "Viendo Yahvé cuánto había crecido la maldad del hombre sobre la tierra tomó la decisión de mandar un diluvio para exterminarlo"[151], pasando por Homero, "los dioses tra-

[148] *Sagrada Biblia,* Miqueas, 5, p. 1199.
[149] *Sagrada Biblia,* Jeremías, 33, p. 1045.
[150] *Sagrada Biblia,* Isaías, 9, p. 948.
[151] *Sagrada Biblia*, Génesis, 6, p. 8.

maron para los desdichados mortales que vivieran entre tristezas"[152] hasta nuestros días a decir de Schopenhauer: "el mundo es el infierno y los hombres son a la vez las almas atormentadas y los demonios que las atormentan"[153]. La salvación concernía, no a un pueblo, sino a la humanidad entera como 'unidad'.

Sócrates debió leer a los profetas Miqueas[154], Jeremías[155] e Isaías[156]. Sus vaticinios mesiánicos le inspirarían su postrero dictamen sobre el futuro advenimiento de un mesías anunciador de la "gran verdad":

> Vio la bola de barro […] como una esfera inmensa toda cubierta de maleza y de sangre […] de ella surgían algunos tallos admirables y al extremo de cada uno una azucena blanca inmaculada. Eran Akumatón, Moisés, Zoroastro, Jeremías, Buda, Confucio, los fundadores de grandes sistemas religiosos diciendo "y aun vendrá otro que los superará, que dirá la gran verdad, que todos los hombres son iguales […]", un tallo incomparable que irá brotando poco a poco allá en los dominios del gran rey por su parte sur, más debajo de las tierras fenicias, por las de Galilea y Judea […] Jesús, Jesús de Nazaret[157].

---

[152] *Cf.* Homero, 2022, canto XXIV, p. 520. Aquiles habla así a Príamo cuando este acude a su tienda para pedirle el cuerpo de su hijo Héctor a quien Aquiles había dado muerte en venganza por la muerte de Patroclo.

[153] Schopenhauer, 2000, p. 199.

[154] *Sagrada Biblia*, Miqueas, 2, p. 1199.

[155] *Sagrada Biblia*, Jeremías, 33, p. 1045.

[156] *Sagrada Biblia*, Isaías, 9, p. 948.

[157] Platón, 1965, p. 27.

Ya hemos propuesto antes una explicación a esta sorprendente alusión a Jesús de Nazaret hecha por Sócrates en su lecho de muerte casi cuatrocientos años antes de que Jesús naciera[158].

***

Para Jesús la perversidad humana era causa de la fractura entre los pueblos y el factor que ponía en riesgo la supervivencia de la especie. A esto debía referirse al decir que "el reino de los cielos está en tensión"[159]. Restañar aquella fractura se erigió en la premisa de su plan mesiánico de salvación al que consagraría con pasión los últimos años de su vida. A sabiendas de que el destino que le esperaba no sería diferente al de los profetas bíblicos que le precedieron por defender lo mismo: el martirio y la muerte[160].

Aquel propósito lo había compartido con su primo Juan el Bautista, quien gozaba de una solvente reputación profética. Entre ellos surgió una relación de gran complicidad y de mutuo respeto: "No hay de entre los nacidos un profeta más grande que Juan"[161], diría Jesús. "Él es

[158] El nombre de Jesús de Nazaret seguramente fue añadido a los textos de su discípulo Platón en su edición de 1513, una vez que la historia había ya desvelado su identidad mesiánica. *Cf.* nota 10.

[159] *Sagrada Biblia*, Evangelio de San Mateo, 11, p. 1242.

[160] Daniel fue arrojado a los leones y posteriormente salvado; Isaías murió asesinado por el rey Manasés; Jeremías y Zacarías murieron ambos apedreados.

[161] *Sagrada Biblia*, Evangelio de San Lucas, 7, p. 1311; Evangelio de San Mateo, 11, p. 1242.

más que profeta"[162], argüiría Juan, advertido del plan mesiánico de Jesús.

Antes de iniciar su vida pública, Juan pasó varios años en el desierto viviendo una experiencia de ascetismo místico. Desde allí se dirigió al río Jordán para realizar bautismos[163] como medio de purificación y preparación para la llegada de Jesús: "Yo os bautizo en agua, pero Jesús os bautizará en el Espíritu Santo y en fuego"[164] les decía a sus prosélitos, anunciándoles que "el reino de los cielos está cerca"[165]. Jesús no tardaría en acudir a la cita haciéndose bautizar él mismo por su primo en señal de acatamiento, momento este que los evangelios ilustran con el destello de "una luz que descendía en forma de paloma envolviéndolo"[166].

El proyecto de realizar juntos el ministerio mesiánico quedaría fatalmente truncado, pues Juan moriría decapitado en el 29 d. C., poco antes de que Jesús iniciara aquella tarea y cuando faltaban cuatro años para que a él lo crucificaran[167].

Consciente de la absolutidad humana, suelto ya de lo terrenal y afectivo, a pesar de la cercanía que mantenía con

---

[162] *Sagrada Biblia*, Evangelio de San Lucas, 7, p. 1311.

[163] La aparición pública de Juan el Bautista en el Jordán tuvo lugar en tiempos de Tiberio César (10 a. C. - 54 d. C.), siendo ya Poncio Pilato gobernador de la provincia romana de Judea (27 a. C. - 36 d. C.).

[164] *Sagrada Biblia*, Evangelio de San Lucas, 3, p. 1303-04.

[165] *Sagrada Biblia*, Evangelio de San Mateo, 3, p. 1231.

[166] *Sagrada Biblia,* Evangelio de San Marcos, 1, p. 1272.

[167] La condena a Juan el Bautista a ser decapitado fue decretada por Herodes Antipas (4 d. C. - 39 d. C.) por los reparos que puso ante su desposorio incestuoso con Herodías, la esposa de su hermano Filipo.

su madre[168], Jesús tomó la decisión de abandonar su casa y liberarse de las ataduras que pudieran entorpecer su proyecto mesiánico. Consideraba que el desapego, tanto material como afectivo, era condición necesaria para cumplirlo. A sus discípulos más dilectos se lo advertiría así:

> Si alguno viene a mí y no aborrece a su padre, a su madre, a su mujer, a sus hijos, a sus hermanos y hermanas y aun a su propia vida, no puede ser mi discípulo[169] […]. En verdad os digo que ninguno que haya dejado casa, mujer, hermanos, padres o hijos por amor al reino de Dios dejará de recibir mucho más en este siglo y la vida eterna en el venidero[170].

"Deja a los muertos y vete a anunciar el reino de Dios"[171], le recomendó a uno de sus seguidores que le pedía licencia para enterrar previamente a su padre. Esta drástica política de consagración se la impuso él mismo con igual rigor. Habitando ya en Cafarnaúm recibió la visita de su familia[172]: "Tu madre y tus hermanos están fuera y desean hablarte" –le anunciaron sus discípulos– a lo que él les replicó inquiriendo:

---

[168] A ella la vemos compartiendo con Jesús eventos sociales como la boda de Caná, visitándolo en Cafarnaúm con sus otros hijos y acompañándolo durante su pasión hasta el pie de la Cruz en el Calvario. *Cf. Sagrada Biblia*, Evangelio de San Juan, 2, p. 1345.

[169] *Sagrada Biblia*, Evangelio de San Lucas, 14, p. 1326.

[170] *Sagrada Biblia*, Evangelio de San Lucas, 18, p. 1331.

[171] *Sagrada Biblia*, Evangelio de San Lucas, 9, p. 1317.

[172] La madre de Jesús y sus hermanos se instalaron en Cafarnaúm, cerca de él, por unos días. *Cf. Sagrada Biblia*, Evangelio de San Juan, 2, p. 1345.

¿Quién es mi madre y quiénes son mis hermanos? He aquí mi madre y mis hermanos. Quienquiera que hiciere la voluntad de mi Padre que está en los cielos ese es mi hermano, mi hermana y mi madre[173].

En Cafarnaúm, a orillas del Tiberíades, fijó su morada y su base de operaciones. Desde allí anunciaría el "reino de Dios como ya lo había anticipado Juan el Bautista antes que él"[174]. Gracias al renombre alcanzado por su primo[175] la muchedumbre no tardó en seguirle, en tal número que a veces necesitaba buscar descanso en la soledad del desierto, pero enseguida continuaba con su periplo:

"Es preciso que anuncie también el reino de Dios en otras ciudades porque para esto he sido enviado". E iba predicando por las sinagogas de Judea[176] donde la muchedumbre se agolpaba en pos de él para que les hablara del reino de Dios y curara a todos los necesitados[177].

Al menos en una ocasión volvió a su casa: "Vino a Nazaret donde se había criado y, según su costumbre, entró en día de sábado en la sinagoga y se levantó para hacer la lectu-

---

[173] *Sagrada Biblia*, Evangelio de San Mateo, 12, p. 1245.

[174] *Sagrada Biblia*, Evangelio de San Mateo, 4, p. 1232; y Evangelio de San Marcos, 1, p. 1273.

[175] *Sagrada Biblia*, Evangelio de San Lucas, 7, p. 1311.

[176] *Sagrada Biblia*, Evangelio de San Lucas, 4, p. 1306.

[177] *Sagrada Biblia*, Evangelio de San Lucas, 9, p. 1315. Es de suponer que sus curaciones, consideradas milagrosas, tenían que ver con sus excepcionales dotes de sugestión y persuasión.

ra"[178]. Haciendo uso de sus funciones como rabino, tomó posición en el atril y seleccionando el rollo referido a las Escrituras de Elías procedió a leer en alta voz el siguiente pasaje:

> El espíritu del Señor está sobre mí porque me ungió para evangelizar a los pobres; me envió para predicar a los cautivos la libertad, a los ciegos la recuperación de la vista; para poner en libertad a los oprimidos[179].

Aquel manifiesto en favor del prójimo, especialmente del pobre y del oprimido, era un desafío a las normas de convivencia establecidas por Roma, cuyas imposiciones tributarias y jurídicas asfixiaban especialmente a la población marginal. Pero aún más desafiante fue su osadía al insinuarse él mismo como el 'elegido' para salvar a aquellos pobres y oprimidos de los que hablaba la profecía, añadiendo como colofón a su lectura, por si fuera poco, el siguiente laudo de cumplimiento: "Hoy se cumple esta escritura que acabáis de oír"[180]. Es de suponer que aquella feligresía de la sinagoga quedara atónita y mostrara suspicacias ante su pretenciosa proclama. Razón que lo llevaría a abandonar definitivamente Nazaret, no sin antes pronunciar aquella icónica sentencia: "Ningún profeta es honrado en su propia patria"[181].

Para entonces Jesús contaba treinta años. Le quedaba poco margen para transmitir su filosofía de salvación a una audiencia formada por pescadores y labriegos escasamente

---

[178] *Sagrada Biblia*, Evangelio de San Lucas, 4, p. 1305.
[179] *Sagrada Biblia*, Evangelio de San Lucas, 4, p. 1305.
[180] *Ibidem.*
[181] *Ibidem.*

instruidos. Sin apartarse de su fe en Yahvé, aquellas gentes estaban persuadidas de la naturaleza mesiánica de Jesús y no tardarían en proclamarle "hijo del hombre", apelativo que las Sagradas Escrituras otorgaban a los profetas[182]. Para hacerse entender trasladaba su idea de salvación al terreno de la vida cotidiana recurriendo para ello a alegorías y parábolas: "A la gente común les hablaba con parábolas según podían entender, pero a sus discípulos se lo explicaba todo aparte"[183]. Esos discípulos eran un grupo de acólitos destacados, doce hombres y una mujer[184]:

> A vosotros os ha sido dado conocer los misterios del reino de los cielos, pero a esos no. Por eso a ellos les hablo en parábolas, porque viendo no ven y oyendo no oyen ni entienden[185]. Dichosos los ojos que ven lo que vosotros veis, porque yo os digo que muchos profetas y reyes quisieron ver lo que vosotros veis y no lo vieron, y oír lo que oís y no lo oyeron[186].

Con ser estos sus seguidores más cercanos y mejor informados, no todos estaban en condiciones de entender el verdadero alcance de su mensaje. Ni siquiera parece que

---

[182] Así es como Yahvé interpeló a Ezequiel al decirle: "Hijo de hombre, yo te mando a los hijos de Israel". *Cf.* Sagrada Biblia, Ezequiel, 2, p. 1088.

[183] *Sagrada Biblia,* Evangelio de San Marcos, 4, p. 1277.

[184] Se llamaban Simón (Pedro), Andrés, Jacobo (Santiago el Mayor), Juan, Felipe, Bartolomé, Tomás, Mateo, Santiago el Menor, Simón, Judas Tadeo y Judas Iscariote. La mujer era María Magdalena.

[185] *Sagrada Biblia,* Evangelio de San Mateo, 13, p. 1246.

[186] *Sagrada Biblia,* Evangelio de San Lucas, 10, p. 1318.

tuvieran del todo claras sus ideas acerca de la identidad de
Jesús, por más que Simón le atribuyera explícitamente su
naturaleza mesiánica: "Tú eres el Mesías, el hijo de Dios vivo"[187]. Pero, por si acaso, ninguno de ellos se atrevía a recha-
zar del todo a Yahvé. En una ocasión Jesús los sorprendió
ofreciéndole a aquel dios una oración de agradecimiento.
Ante el esbozo de una mueca de sorna en su semblante le
preguntaron:

> ¿Por qué te ríes de nuestra oración de agradecimiento? He-
> mos hecho lo correcto, maestro, tú eres el hijo de nuestro
> Dios ¿no?
> No –les atajó Jesús– vuestro Dios está en vuestro interior[188].

Solo Judas captaría la dimensión cósmica de Jesús: "Sé
quién eres y de dónde vienes. Tú perteneces al reino inmortal de Barbelo. Tú tienes el conocimiento porque vienes del
reino de Barbelo"[189]. San Ireneo, obispo de Lyon, no se equi-
vocaba al afirmar que "Judas estaba al tanto de la verdad
como ningún otro de los discípulos de Jesús"[190].

---

[187] *Sagrada Biblia,* Evangelio de San Mateo, 16, p. 1251.

[188] Evangelio de Judas (A), p. 74.

[189] Según la cosmogonía gnóstica, Barbelo fue la manifestación de
la primera emanación de Dios. Evangelio de Judas (A), pp. 76 y 90, folios
35-45.

[190] San Ireneo de Lyon lideró el llamado "grupo ortodoxo" del
cristianismo primitivo, el que tuvo mayor peso en la decisión sobre los
libros y Escrituras que debían ser aceptados o canonizados por la Iglesia.
Persiguió a los grupos que se desviaban de su propia manera de interpretar
el cristianismo y considerados, por ello, como herejes. Su obra más signifi-
cativa fue *Contra los herejes.*

III. La salvación. Didáctica y metafísica

El pueblo de Israel no estaba familiarizado con el término Dios. Las Escrituras del Antiguo Testamento le daban a ese ser superior el nombre de *Yahvé* o *Jehová* ('señor' en hebreo). Pero no se refería a un dios universal ni único, sino a un dios exclusivo de los judíos, uno más de entre muchos *baales*. En el evangelio apócrifo de Juan se le considera un arconte, feudatario de Yaldabaoth, dios creador del mundo material, con sus pasiones y angustias. Un dios menor. Las Escrituras decían que al rey Saúl "le turbaba un mal espíritu mandado por Yahvé que se apoderaba de él"[191].

De Yahvé no se fiaba la mayoría de los hebreos. Once de las doce tribus de Israel lo abandonaron tras el Éxodo considerando que no era siquiera un dios, sino un simple profeta (y no siempre bien intencionado)[192]. En la historia de los macabeos narrada por el historiador Jasón de Cirene no aparece ni una sola vez su nombre. A Dios se lo nombra como "Señor del universo"[193], "Señor de la vida y el espíritu"[194] o bien "Señor de los cielos"[195].

En general las Escrituras bíblicas evitaron la alusión directa a Dios. En su lugar se hizo referencia al reino de

---

[191] *Sagrada Biblia*, Samuel, 16, p. 335.
[192] *Sagrada Biblia*, Reyes, 17, p. 450.
[193] *Sagrada Biblia*, 2 Macabeos, 12, p. 675.
[194] *Sagrada Biblia*, 2 Macabeos, 14, p. 680.
[195] *Sagrada Biblia*, 2 Macabeos, 15, p. 681.

Dios, *malchut shaddai* (acción de reinar de Dios) o bien al reino de los cielos, *malchut hashamaim* (lugar donde reina Dios). Ambas menciones se traducirían al griego indistintamente como *basileia tou theou*[196]. Jesús tampoco hizo distinciones semánticas entre estas dos locuciones. Solo se limitó a otorgarles una cualidad locativa y atemporal: "un reino que sería imperecedero y eterno que no sería destruido jamás"[197].

Pero debía adaptar su prédica al imaginario de los israelitas y sabía que para ellos era importante dotar a Dios de cualidad existencial y situarlo en un lugar identificable y seguro. Ese lugar era el Cielo: "Padre nuestro que estás en los Cielos"[198] fue la invocación con la que inició su oración primigenia. Así que lo situó en un lugar de 'arriba', un lugar luminoso donde Dios imperaba como representación del bien y de la verdad. Para ello se valió de analogías:

> Vino la luz al mundo y los hombres amaron más a las tinieblas que a la luz, porque sus obras eran malas. Porque todo el que obra mal aborrece la luz. Pero el que obra la verdad viene a la luz porque sus obras están hechas de Dios[199] [...]. Bienaventurados, alegraos pues vuestra recompensa será grande en el Cielo[200] [...] el Cielo es quien domina[201] [...].

---

[196] *Basileia tou theou* significa *stricto sensu* soberanía o poder de Dios.
[197] Se refiere a la interpretación que hizo Daniel del sueño del rey David. *Cf. Sagrada Biblia,* Daniel, 2, p. 1149.
[198] *Sagrada Biblia,* Evangelio de San Lucas, 11, p. 1319.
[199] *Sagrada Biblia,* Evangelio de San Juan, 3, p. 1343.
[200] *Sagrada Biblia,* Evangelio de San Lucas, 6, p. 1309.
[201] *Sagrada Biblia,* Daniel, 4, p. 1155.

Si tu alma es pura toda ella estará iluminada. Pero si es mala todo tu cuerpo estará en tinieblas[202] [...]. Es preciso nacer de arriba[203].

Vemos que Jesús situaba el infierno, el *Sheol,* como contrapunto del Cielo. Un lugar oscuro ubicado abajo donde imperaba el diablo como representación del mal y de la falsedad.

En su didáctica popular vio la necesidad de separar los dos ámbitos de tal modo que Dios tan solo se asociara con el bien, con el reino de los cielos como estado deífico. Esta separación la expresó muy claramente así: "Si yo arrojo de vosotros a los demonios, entonces es que ha llegado a vosotros el reino de Dios"[204].

Alcanzar el reino de los cielos (o de Dios) se convertiría en el gran objetivo de su prédica: "venga a nosotros tu reino"[205]. Esta locución (reino de los Cielos o de Dios) aparece en el Evangelio de San Mateo veintinueve veces[206], en el de

---

[202] *Sagrada Biblia,* Evangelio de San Lucas, 11, p. 1320.

[203] *Sagrada Biblia,* Evangelio de San Juan, 3, p. 1346; Evangelio de San Marcos, 10, p. 1287.

[204] *Sagrada Biblia,* Evangelio de San Mateo, 12, p.1244; Evangelio de San Lucas, 11, p. 1319.

[205] *Sagrada Biblia,* Evangelio de San Mateo, 6, p. 1235.

[206] *Sagrada Biblia,* Evangelio de San Mateo, 5, p. 1233; 6, p. 1235; 8, p. 1238; 9, p. 1240; 10, p. 1240; 11, p. 1242; 12, p. 1244; 13, p. 1246; 16, p. 1251; 16, p. 1252; 18, p. 1253; 18, p. 1254; 19, p. 1255; 20, p. 1256; 21, p. 1258; 21, p. 1259; 23, p. 1261; 24, p. 1262; 25, p. 1264; 25, p. 1265; 26, p. 1266.

San Lucas once[207], en el de San Marcos nueve[208] y en el de San Juan solo dos[209].

Identificado Dios exclusivamente con el bien y con su reino, tocaba ahora deshumanizarlo, es decir, despojarlo de corporalidad y de sentimientos.

Los israelitas otorgaban a Dios propiedades humanas, tanto físicas como afectivas. Esto se puso de continuo manifiesto durante la peregrinación que hicieron desde Egipto a Canaán. Yahvé, asumiendo el liderazgo de aquella epopeya, se comunicaba con Moisés con voz propia: "Le hablaba cara a cara como habla un hombre a su amigo"[210]. Incluso interactuaba físicamente con él entregándole tablas de piedra grabadas de su puño y letra: "dos tablas de piedra escritas por el dedo de Dios[211] de ambos lados, por una y otra cara"[212]. Aunque nunca le dejó ver su rostro, tan solo su espalda: "te pondré en la hendidura de una roca y te cubriré con mi mano mientras paso. Luego retiraré mi mano y me verás las espaldas, pero mi faz no la verás"[213], le advirtió a Moisés. También el profeta Daniel había visto a Yahvé premunido de corporalidad: "Seguía yo mirando en la visión

---

[207] *Sagrada Biblia,* Evangelio de San Lucas, 4, p. 1306; 6, p. 1309; 7, p. 1311; 8, p. 1312; 8, p. 1313; 9, p. 1314; 9, p. 1315; 9, p. 1317; 10, p. 1317; 17, p. 1329.

[208] *Sagrada Biblia,* Evangelio de San Marcos, 1, p. 1273; 4, p. 1276; 4, p. 1277; 4, p. 1277; 10, p. 1286; 10, p. 1287; 12, p. 1291; 15, p. 1297.

[209] *Sagrada Biblia,* Evangelio de San Juan, 3, p. 1246.

[210] *Sagrada Biblia,* Éxodo, 33, p. 104.

[211] *Sagrada Biblia,* Éxodo, 31, p. 103.

[212] *Sagrada Biblia,* Éxodo, 32, p. 103.

[213] *Sagrada Biblia,* Éxodo, 33, p. 104.

nocturna y vi venir sobre las nubes del cielo a un como hijo de hombre"[214].

En cuanto a las cualidades afectivas de Yahvé, estas giraban en torno a su condición de paternidad para con los judíos. A ellos, como hijos predilectos, según revelación hecha a sus patriarcas (Abraham, Isaac y Jacob o Israel) los debía proteger. Solo a ellos.

En línea con su didáctica reinterpretativa, Jesús empezó por conferirle a Dios aquellas mismas propiedades humanas dándole carta de paternidad, lo que hizo de acuerdo con su propia convicción. Para él Dios era, efectivamente, un 'padre', la consciencia cósmica de la que los seres humanos somos fragmentos:

> Padre nuestro que estás en los cielos[215] […]. Quienquiera que hiciere la voluntad de mi Padre que está en los cielos ese es mi hermano, mi hermana y mi madre[216] […]. Yo dispongo del reino en favor vuestro como mi Padre ha dispuesto de él en favor mío[217] […]. Yo y el Padre somos una sola cosa[218] […]. El Hijo no puede hacer nada por sí mismo, sino lo que ve hacer al Padre, porque lo que este hace lo hace igualmente el Hijo[219] […]. Si me habéis conocido conoceréis también a mi Padre[220] […]. Las palabras que yo os digo no las hablo

---

[214] *Sagrada Biblia*, Daniel, 7, p. 1160.
[215] *Sagrada Biblia*, Evangelio de San Lucas, 11, p. 1319.
[216] *Sagrada Biblia*, Evangelio de San Mateo, 12, p. 1245.
[217] *Sagrada Biblia*, Evangelio de San Lucas, 22, p. 1338.
[218] *Sagrada Biblia*, Evangelio de San Juan, 10, p. 1360.
[219] *Sagrada Biblia*, Evangelio de San Juan, 5, p. 1350.
[220] *Sagrada Biblia*, Evangelio de San Juan, 14, p. 1366.

de mí mismo. El Padre que mora en mí hace sus obras[221] […]. El Padre está en mí y yo en el Padre[222].

"Salí del Padre y vine al mundo. De nuevo dejo el mundo y me voy al Padre"[223], diría en los momentos previos a su muerte. Su identificación con el padre era entendible para una audiencia persuadida de que Jesús era el Mesías o hijo de Dios. Tocaba ahora aclarar que dicha prerrogativa no era exclusivamente suya, ni como Mesías ni como persona, sino que concernía a todos los seres humanos sin distinción pues todos somos hijos de Dios. Pero no a cualquier precio. Recordemos que en su didáctica Dios representaba tan solo el bien. Por tanto, la filiación del hombre con Dios pasaba necesariamente por obrar el bien, esa era la condición para ser hijos de Dios y consustanciarse con él o viceversa: "Dios se vuelve como uno de nosotros; se hace como uno de nosotros"[224]. Obrar el mal suponía consustanciarse con la versión maligna de Dios y de esa cuestión, por el momento, era mejor no hablar.

Aquella didáctica reinterpretativa tuvo que ir incorporando mensajes conducentes a la progresiva despersonalización de Dios. Era preciso explicar a sus seguidores que en realidad Dios no tenía corporalidad; no hablaba ni interactuaba físicamente con los humanos; no era el padre de ningún pueblo en particular, ni siquiera era el "Señor del univer-

---

[221] *Ibidem.*
[222] *Sagrada Biblia,* Evangelio de San Juan, 10, p. 1360.
[223] *Sagrada Biblia,* Evangelio de San Juan, 16, p. 1368.
[224] *Sagrada Biblia,* Génesis, 3, p. 6.

so" como se decía en el libro de los Macabeos[225]. Dios no residía en el Cielo ni en ningún lugar específico. Era inmaterial y omnipresente. Dios era la consciencia cósmica repartida en tantos fragmentos como seres humanos nacían a la vida. Pero lo más importante, si bien Dios era nuestro Padre, ese Padre no era un ser sino un estado. Un estado de bien y de mal.

La idea de Dios como fragmento del espíritu humano fue especialmente recurrente en prédicas que exponía de forma directa o bien recurriendo a analogías:

> No viene el reino de Dios ostensiblemente. Ni podrá decirse helo aquí o allí, porque el reino de Dios está dentro de vosotros[226] […]. ¿No sabéis que sois templos de Dios y que el espíritu de Dios habita en vosotros?[227] […]. El viento sopla donde quiere y oyes su voz, pero no sabes de dónde viene ni a dónde va[228] […]. Vuestro Dios no es Yahvé, vuestro Dios está en vuestro interior[229] […]. El reino de Dios está en vuestro interior y fuera de vosotros[230] […]. El Hijo del Hombre está dentro de vosotros[231] […]. El espíritu que está en vosotros habita esta carne[232]. Tened cuidado de que nadie os engañe diciendo "mirad, está aquí, mirad, está allí". El Hijo

---

[225] *Sagrada Biblia,* Macabeos, 2, p. 675.
[226] *Sagrada Biblia,* Evangelio de San Lucas, 17, p. 1329.
[227] *Sagrada Biblia,* Evangelio de San Lucas, 6, p. 1308.
[228] *Sagrada Biblia,* Evangelio de San Juan, 3, p. 1346.
[229] Evangelio de Judas (A), p. 74.
[230] Evangelio según Tomás, p. 62.
[231] Evangelio según Tomás, p. 107; Evangelio de María Magdalena (A), folio 8, líneas 19 y 20, p. 62.
[232] Evangelio de Judas (A), p. 31.

del Hombre está dentro de vosotros [...] los que buscan lo encontrarán[233].

A algunos de sus discípulos, especialmente a los más próximos y perspicaces, Juan, Judas Iscariote y María Magdalena[234], les transmitió esta idea valiéndose de abstracciones: "La Gran Estirpe no está sujeta a señor alguno[235] [...]. Dios [el Todo] está disuelto tanto en las cosas terrestres como en las cosas celestiales[236] [...]. Nada hay oculto sino para ser descubierto, y no hay nada escondido sino para que venga a la luz"[237]. También a veces las compartió con los fariseos (algunos acabarían cambiándose de bando como José de Arimatea o San Pablo, este último ya después de que él muriera[238]).

La otra cuestión a dilucidar tenía que ver con la esencialidad de Dios. Dios no era necesariamente un estado de bien, sino un estado dual, de bien y de mal, tan edificante como destructivo. Podía producir la salvación o la perdición del ser humano y de la humanidad en su conjunto, ya que esta, la humanidad, era una unidad indivisible: "todas las

---

[233] Evangelio de María Magdalena (B), p. 76.

[234] Evangelio apócrifo de Juan, pp. 80-96; Evangelio de Judas (A), p. 78; Evangelio de María Magdalena (B), p. 78.

[235] Evangelio de Judas (A), p. 78.

[236] Evangelio de María Magdalena (B), p. 78.

[237] *Sagrada Biblia,* Evangelio de San Marcos, 4, p. 1277; Evangelio de San Lucas, 8, p. 1313.

[238] *Sagrada Biblia,* Evangelio de San Lucas, 17, p. 1329; Evangelio de San Lucas, 6, p. 1308; Evangelio de María Magdalena (A), folio 8, líneas 19 y 20, p. 62.

criaturas existen en y con las demás[239] […] todas las criaturas se hallan implicadas entre sí[240].

El bien y el mal, su papel escatológico como determinantes del destino ultramundano, eran conceptos arraigados en el judaísmo. El rey David en uno de sus salmos había advertido mil años atrás sobre las dos alternativas ultramundanas posibles: "El hombre que no perdura en su esplendor es semejante a las bestias, que perecen […]. Como rebaño son echados al *Sheol*[241] […]. Pero a quien sigue el camino se le mostrará la salvación de Dios"[242].

Las diferentes filosofías que confluían en los foros judaicos tenían sus propias concepciones acerca de la salvación. Para el hinduismo la salvación era inherente al conocimiento. "Sin sol, envueltos en la ciega oscuridad, están los mundos a los que van quienes carecen de conocimiento al dejar ese cuerpo, los que destruyen su ser"[243]. Para los helenísticos la salvación consistía en el dominio del propio ser en clave de bondad: "el alma humana se compone de algo que es mejor y algo que es peor y cuando lo que por naturaleza es mejor domina a lo peor, decimos que aquel es dueño de sí mismo"[244]. Por su parte, la escuela de Alejandría cuando era dirigida por Ben Sirá, consideraba que ambos estados, de bien y de mal, formaban parte inseparable del

---

[239] Evangelio de María Magdalena (B), p. 76.
[240] Evangelio de María Magdalena (A), folio 7, p. 51.
[241] El *Sheol* es un lugar de oscuridad adonde, según el Antiguo Testamento, van los muertos. Equivalente al Hades de los griegos.
[242] *Sagrada Biblia*, Salmos de David, 49 y 50, pp. 750-751.
[243] *Upanisad*, Isa Upanisad, versículo 3, p. 124.
[244] Platón, 2020, p. 287.

alma librando allí entre ellos una continua pugna[245]. También la escuela de pensamiento de los fariseos admitía este pugilato y defendía que en la cooptación del bien o del mal intervenían tanto la predestinación como el libre albedrío de la persona.

Jesús no era ajeno a aquellos foros de sabiduría y compartía la creencia en dos estados de bien y de mal como fuerzas opuestas pugnando por imponerse en nuestra consciencia. Pero puntualizaba que en la victoria de uno u otro intervenían diversos factores. Unos derivados de la naturaleza o herencia genética (A), y otros provenientes de las circunstancias o cultura que a cada persona le hubieran tocado en suerte (B). A esta lotería se añadía un misterioso tercer factor (C[246]), al que hemos llamado "incógnita X" en nuestra ecuación existencial:

$$\text{Albedrío (voluntad)} =$$
$$= \text{A (herencia genética)} + \text{B (cultura)} + \text{C (incógnita X)}$$

---

[245] *Sagrada Biblia,* Eclesiástico, 17, p. 900. El escriba judío-helenístico Ben Sirá, maestro en la Escuela de Sabiduría de Alejandría, basó su obra en las leyes mosaicas y proféticas pero también en el alma humana. La escribió en hebreo hacia el 180 a. C. Un nieto suyo la tradujo al griego en el 130 a. C. Su propósito era defender la tradición del judaísmo o de la sabiduría israelita frente a las influencias helénicas, pero admitiendo la imbricación entre ambas. Varios manuscritos se encontraron a partir de 1896 en una antigua sinagoga de El Cairo, dos en 1956 en la cueva del Qumrán y un rollo más amplio en 1964 en la fortaleza de Masada, junto al Mar Muerto.

[246] Este factor está asociado a los procesos neuronales encargados de entrelazar fotones y de sincronizar neuronas. La mecánica de estos procesos escapa a las leyes biológicas conocidas. *Cf.* nota 47.

Para Jesús los factores A y B (la genética y la cultura) variaban notablemente en cada ser humano, lo que repercutía en su albedrío a la hora de cooptar el estado de bien o de mal, de modo que tales estados no estaban al alcance de todos los seres humanos por igual. Quienes tuvieran menguadas sus condiciones genéticas o sus circunstancias culturales para alcanzar el bien contarían con un bonus de ventaja a la hora de ser juzgados. Eran los desfavorecidos, a quienes Jesús reivindicó de continuo: "Bienaventurados los que padecen persecución por la justicia, porque suyo es el reino de los cielos[247] [...]. Bienaventurados los pobres porque de ellos es el reino de Dios"[248].

De ahí que los publicanos[249] y meretrices precederían en el reino de los cielos a quienes eran (o se tenían) por piadosos y gozaban de buen vivir[250], idea que expuso claramente en la parábola del humilde recaudador que oraba sin descanso para alcanzar su redención frente al egregio fariseo que se vanagloriaba de tenerla asegurada. El primero de ellos, el publicano, merecía entrar antes que el segundo en el reino de Dios[251].

***

---

[247] *Sagrada Biblia,* Evangelio de San Mateo, 5, p. 1233.
[248] *Sagrada Biblia,* Evangelio de San Lucas, 6, p. 1309.
[249] En el contexto bíblico los publicanos eran los encargados de cobrar impuestos para Roma. Eran vistos como traidores y menospreciados por los judíos, no por Jesús.
[250] *Sagrada Biblia,* Evangelio de San Mateo, 21, p. 1258.
[251] *Sagrada Biblia,* Evangelio de San Lucas, 18, p. 1330.

Para Jesús cada estado tenía su propia forma de representarse y de actuar. Asoció el mal a la materia y el bien al espíritu. El mal como envase material, desechable y efímero; el bien como espíritu inmaterial y eterno:

> Lo que nace de la carne es carne, pero lo que nace del espíritu es espíritu. Quien no naciere del espíritu no podrá entrar en el reino de los Cielos[252] [...]. Andad en el espíritu y no deis satisfacción a la concupiscencia de la carne, porque la carne tiene tendencias contrarias al espíritu y el espíritu tendencias contrarias a la carne, uno y otra se oponen, de manera que no hagáis lo que queréis (lascivia, odios, discordias envidias, celos, disensiones). Quienes tales cosas hacen no heredarán el reino de los cielos[253] [...]. Todo lo que está compuesto será descompuesto y se disolverá otra vez en su propia raíz, la materia regresará a los orígenes de la materia[254] [...]. Quien sembrare en su carne, de la carne cosechará la corrupción. Pero quien sembrare en el espíritu, del espíritu cosechará la vida eterna[255] y estará a salvo de la corrupción donde ni el ladrón llega ni la polilla roe[256].

La tradición judía asociaba el espíritu a la virtud. El rey Salomón exhortaba en sus proverbios a practicar virtudes como la honestidad: "que no te abandonen jamás la bondad y la fidelidad, o la diligencia: ve, oh perezoso, a la

---

[252] *Sagrada Biblia,* Evangelio de San Juan, 3, p. 1346.
[253] *Sagrada Biblia,* Epístolas de San Pablo, Gálatas, 5, p. 1470-71.
[254] Evangelio de María Magdalena (A), folio 7, líneas 6-9, p. 35.
[255] *Sagrada Biblia,* Epístolas de San Pablo, Gálatas, 6, p.1471.
[256] *Sagrada Biblia,* Evangelio de San Lucas, 12, p. 1322.

hormiga. Mira sus caminos y hazte sabio"[257]. También los profetas pusieron de su parte exhortando al altruismo: "¡Ay de los que añaden casas a casas y juntan campos con campos!"[258]. Lo mismo hizo Moisés en sus mandamientos donde inducía a "no matar, no adulterar, no robar, no levantar falsos testimonios, no defraudar y no deshonrar a los padres"[259].

Jesús opinaba que el bien era especialmente refractario a quienes atesoraban riquezas en cantidad desmedida y a quienes estaban excesivamente pagados de sí mismos. Por eso arremetió tanto contra la avaricia y la soberbia proponiendo el ejercicio de la austeridad y la humildad como antídotos de aquel par de lacras que atenazaban al ser humano sin tregua. Lo hizo valiéndose de locuciones, proverbios y parábolas como estas:

[Austeridad]
El sembrador siembra la palabra, pero cuando sobreviene la fascinación de las riquezas la ahogan[260] [...]. ¿Qué aprovecha al hombre ganar todo el mundo si pierde su alma?[261] Cuán difícilmente entraran en el reino de Dios los que tienen hacienda[262] [...]. Difícilmente entra un rico en el reino de los cielos[263] [...]. Es más fácil a un camello pasar por el

---

[257] *Sagrada Biblia,* Proverbios, 3 y 6, pp. 816 y 823.

[258] *Sagrada Biblia,* Isaías, 1, p. 944.

[259] *Sagrada Biblia,* Evangelio de San Marcos, 10, p. 1287.

[260] *Sagrada Biblia,* Evangelio de San Marcos, 4, p. 1276.

[261] *Sagrada Biblia,* Evangelio de San Mateo, 16, p. 1252.

[262] *Sagrada Biblia,* Evangelio de San Marcos, 10, p. 1287.

[263] *Sagrada Biblia,* Evangelio de San Mateo, 19, p. 1255.

hondón de una aguja que a un rico entrar en el reino de Dios[264] [...]. Vende cuanto tienes, dalo a los pobres y tendrás un tesoro en los cielos[265].

[Humildad]

El reino de los Cielos no es para los poderosos que gobiernan subyugando a las naciones. Sino para quienes sirven[266] [...]. El que se ensalza será humillado y el que se humilla será ensalzado[267] [...]. El reino de Dios es semejante al grano de mostaza que cuando se siembra en la tierra es la más pequeña de todas las semillas, pero sembrada se hace más grande que todas las hortalizas[268] [...]. El reino de Dios, pareciendo insignificante, llega a ser un árbol de suerte que todas las aves del cielo vienen a anidar en sus ramas[269] [...]. Hijo mío, pórtate con modestia y serás amado más que el dadivoso [...]. Cuanto más grande seas, humíllate más y hallarás gracia ante el Señor[270] [...]. La desgracia del soberbio no tiene remedio porque arraigó en él la maldad[271] [...]. Atente a lo que está a tus alcances y no te inquietes por lo que no puedas conocer[272] [...]. Si no os volvéis como niños no entraréis en el reino de los cielos. El que se humillare

---

[264] *Sagrada Biblia,* Evangelio de San Marcos, 10, p. 1287.

[265] *Sagrada Biblia,* Evangelio de San Mateo, 19, p. 1255.

[266] *Sagrada Biblia,* Evangelio de San Mateo, 20, p. 1256.

[267] *Sagrada Biblia,* Evangelio de San Mateo, 23, p. 1261 y San Lucas, 14, p. 1325.

[268] *Sagrada Biblia,* Evangelio de San Marcos, 4, p. 1277.

[269] *Sagrada Biblia,* Evangelio de San Mateo, 13, p. 1246.

[270] *Sagrada Biblia,* Eclesiástico, 4, p. 887.

[271] *Sagrada Biblia,* Eclesiástico, 3, p. 887.

[272] *Sagrada Biblia,* Eclesiástico, 4, p. 887.

hasta hacerse como un niño, ese será el más grande en el reino de los cielos[273] [...]. Dejad que los niños vengan a mí y no los estorbéis porque de tales es el reino de Dios[274].

Pero Jesús sabía de sobra que el vicio, en cualquiera de sus modalidades, alimentaba la maldad y acechaba con fuerza mediante tentaciones muy difíciles de esquivar. Sobre todo, eran las tentaciones orgánicas y supremacistas las que representaban un mayor peligro por cuanto atentaban contra la armonía y la paz, ingredientes que eran tan necesarios para restañar las fisuras que amenazaban la supervivencia de la humanidad. Se refería, sobre todo, a los apetitos carnales y al ansia de poder, toda vez que estos vicios generaban lascivia, odio, discordia, envidia, celos y disensiones[275], es decir, las actitudes más dañinas para la convivencia entre personas y pueblos. Jesús era muy consciente de lo complicado que resultaba sustraerse a ellos sabiendo que "no solo de pan vivía el hombre"[276].

Tan imbuido estaba del poder persuasivo del mal que convirtió su rechazo en un ruego cotidiano a Dios: "No nos pongas en tentación"[277]. No fue casual que su primer 'milagro' en la sinagoga de Cafarnaúm consistiera en "hacer salir un espíritu impuro de un hombre"[278] y que su tarea sanadora

---

[273] *Sagrada Biblia*, Evangelio de San Mateo, 18, p. 1253.

[274] *Sagrada Biblia*, Evangelio de San Marcos, 10, p. 1286; San Mateo, 19, p. 1255.

[275] *Sagrada Biblia*, Epístolas de San Pablo, Gálatas, 5, p. 1470-71.

[276] *Sagrada Biblia*, Evangelio de San Lucas, 4, p. 1305.

[277] *Sagrada Biblia*, Evangelio de San Lucas, 11, p. 1319.

[278] *Sagrada Biblia*, Evangelio de San Marcos, 1, p. 1273.

para quienes lo seguían se centrara, sobre todo, en expulsar demonios: "Si yo arrojo de vosotros a los demonios, entonces es que ha llegado a vosotros el reino de Dios"[279].

Sabiendo que los apetitos corporales y supremacistas eran inherentes y casi consustanciales al ser humano, evitó condenarlos taxativamente: "no temáis porque vuestro Padre sabe que tenéis de ellos necesidad y todo esto se os dará por añadidura"[280]. Con eso quería decir que, si bien era preciso erradicarlos, esto no tenía que imponerse a la vez ni de un plumazo. Todo a su tiempo:

> El reino de los cielos es semejante a un labrador que sembró en su campo semilla buena. Pero mientras su gente dormía vino el enemigo y sembró cizaña [...]. El labrador no arrancó la cizaña, sino que dejó que crecieran las dos semillas juntas y cuando llegó la hora de segar, los segadores pusieron la cizaña en haces y la quemaron[281].

Por otra parte, en línea con la filosofía utópica del hinduismo, asoció el estado de bien a una búsqueda incesante pero no necesariamente alcanzable ni de forma inmediata. Conque aquella búsqueda fuera sincera ya producía por sí misma una cuota de beneficio espiritual con derecho a premio:

> Con solo buscar el reino de Dios tendréis un tesoro inagotable donde ni el ladrón llega ni la polilla roe[282] [...]. Al

---

[279] *Sagrada Biblia*, Evangelio de San Mateo, 12, p.1244; Evangelio de San Lucas 11, p. 1319.
[280] *Sagrada Biblia*, Evangelio de San Lucas, 12, p. 1322.
[281] *Sagrada Biblia*, Evangelio de San Mateo, 13, p. 1246.
[282] *Sagrada Biblia*, Evangelio de San Lucas, 12, p. 1322.

final, cuando todos los deseos que se mantenían en el corazón cesan, el mortal se hace inmortal, se hace absoluto[283].

Para quienes obraran o procuraran obrar el bien habría un plan de eternidad que trascendía la vida pasajera por la que todos los seres humanos transitamos. En eso consistía la salvación[284]. Para los demás, para quienes se apartasen deliberadamente del bien, no habría otro futuro que el reinicio del periplo existencial, la vuelta al polvo inerte[285].

**

Las gentes de Galilea daban por hecho que Jesús era el Mesías y que había venido para salvarlos: "¡Nosotros mismos hemos oído y conocido que este es verdaderamente el salvador del mundo!"[286]. Pero no entendían muy bien qué era aquello de la salvación ni cómo podía uno salvarse. Para ellos la salvación consistía en librarse de los infortunios de la vida cotidiana. Y también de las penas que les esperaban al morir si no obraban según los preceptos del profeta Moisés. Jesús no los disuadía de aquella convicción basada en principios que él mismo defendía. Por el contrario, les decía: "Si alguno descuidase la ley de los profetas será tenido por menor en el reino de los cielos. Pero el que la practicase será tenido por grande en el reino de los cielos"[287]. Sin embargo, los

---

[283] *Upanisad*, Kata Upanisad, Segunda parte, verso 14, p. 109.
[284] *Sagrada Biblia,* Evangelio de San Mateo, 25, p. 1265.
[285] *Sagrada Biblia,* Génesis, 3, p. 6.
[286] *Sagrada Biblia,* Evangelio de San Juan, 4, p. 1349.
[287] *Sagrada Biblia,* Evangelio de San Mateo, 5, p. 1233.

persuadió de que el principal precepto de aquella ley y de todas las leyes era el amor. Amor a Dios y al prójimo, como partes inseparables de una misma unidad[288].

Así que, como procedimiento empírico para la salvación, propuso el ejercicio de aquellas virtudes que mayor eficacia pudieran ofrecer como antídotos de la discordia y el desafecto, las que más pudieran contribuir al fomento de la solidaridad humana y de la paz. Para ello optó por convertir al prójimo en piedra angular de su propuesta:

> Toda la Ley se resume en ese solo precepto: amarás al prójimo como a ti mismo[289] [...] hable cada uno verazmente con su prójimo[290].

De hecho, identificó al prójimo con Dios mismo y, por añadidura, consigo mismo y con todos los demás seres humanos:

> Porque tuve hambre y me disteis de comer, tuve sed y me disteis de beber, peregriné y me acogisteis [...] en verdad os digo que cuantas veces hicisteis eso a uno de mis hermanos menores, a mí me lo hicisteis[291].

El amor al prójimo como vía de salvación era, pues, un hecho empírico asociado a conductas virtuosas de altruismo y fraternidad con los demás, especialmente con los desfavo-

---

[288] *Sagrada Biblia,* Evangelio de San Mateo, 22, p. 1260.
[289] *Sagrada Biblia,* Epístolas de San Pablo, Gálatas, 5, p. 1470.
[290] *Sagrada Biblia,* Epístolas de San Pablo, Efesios, 4, p. 1475.
[291] *Sagrada Biblia,* Evangelio de San Mateo, 25, p. 1265.

recidos. Tales conductas eran la caridad, la justicia, la miseri-
cordia y el perdón, virtudes que ya habían sido reivindicadas
por los reyes fundacionales en sus Proverbios:

> No niegues el beneficio al que lo necesita [...]. No le digas
> al prójimo "vete, vuelve mañana y te lo daré" si lo tienes a
> mano[292] [...]. Por la opresión de los pobres, por los gemi-
> dos de los menesterosos, ahora mismo voy a levantarme,
> dice Yahvé[293] [...]. En Yahvé se gloriará mi alma, lo oirán
> los humildes y se alegrarán[294] [...]. La gloria de Yahvé es
> más alta que los cielos [...] se abaja para levantar del polvo
> al desvalido y alzar del estiércol al pobre[295] [...]. Bienaven-
> turado el que se preocupa por el necesitado y el
> desvalido[296].

Asimismo lo hicieron los profetas en sus exhortacio-
nes:

> Aprended a hacer el bien, buscad lo justo, restituid al
> agraviado, haced justicia al huérfano, amparad a la viuda[297]
> [...]. Yahvé no juzgará por vista de ojos ni argüirá por oídas
> de oídos, sino que juzgará en justicia al pobre y en equidad

---

[292] *Sagrada Biblia,* Proverbios de Salomón sobre el prójimo, 3, p.
817. Otros proverbios sobre la justicia, 17, p. 831; sobre la caridad, 21, p.
835.

[293] *Sagrada Biblia,* Salmos de David, 12, p. 727.

[294] *Sagrada Biblia,* Salmos de David, 34, p. 739.

[295] *Sagrada Biblia,* Salmos de David, 113, p. 794.

[296] *Sagrada Biblia,* Salmos de David, 41, p. 745.

[297] *Sagrada Biblia,* Isaías, 1, p. 914.

> a los humildes de la tierra[298] [...]. Juzgad conforme a la verdad, practicad la piedad y la misericordia hacia vuestro prójimo; no oprimáis a la viuda, al huérfano, al extranjero y al pobre; no maquinéis el mal en vuestros corazones o el uno contra el otro[299].

Nótese que todos ellos ponían su prédica en boca de Yahvé como forma de legitimación. Ben Sirá, autor del *Eclo* o *Eclesiástico*[300], contribuyó a la defensa de la solidaridad y el altruismo con admoniciones extraídas de la Ley y los profetas: "No vuelvas tus ojos al necesitado[301] [...] Arranca al oprimido de poder del opresor[302] [...] Hijo no siembres en surcos de injusticia"[303].

La filosofía helenística, por su parte, había concedido un claro papel salvífico a las virtudes solidarias. Recordemos que Sócrates dedicó sus últimos momentos a reivindicar la solidaridad humana como vía de salvación: "los fundadores de los grandes sistemas religiosos vendrán a desvelar la gran verdad: que todos los hombres son hermanos"[304], les dijo a sus discípulos a modo de despedida. Como ejecutor de su

---

[298] *Sagrada Biblia,* Isaías, 11, p. 950.

[299] *Sagrada Biblia,* Zacarías, 7, p. 1216.

[300] *Cf.* nota 245.

[301] *Sagrada Biblia,* Eclesiástico, 4, p. 887.

[302] *Ibidem.*

[303] *Sagrada Biblia,* Eclesiástico, 7, p. 890.

[304] Estas palabras fueron de las últimas que pronunció Sócrates antes de morir, ante los discípulos que lo acompañaban en aquel trance después de haber ingerido la cicuta prescrita como condena. *Cf.* Platon, 1965, p. 27.

vaticinio hacía referencia a la figura de un galileo (Jesús de Nazaret)[305].

La defensa del prójimo, la búsqueda de su bien, no era para Jesús un mero acto de caridad hacia los desfavorecidos, que también, sino una estrategia de cohesión entre todos los seres humanos quienes debían unirse "mediante el vínculo de la paz[306] […] debéis estar en armonía para reconectar con las diversas semejanzas de vuestra naturaleza"[307]. La armonía (*eukrasia*: *eu* = bueno, *krasis* = mezcla[308]) se adquiría buscando el bien de los demás, evitando la animadversión de unos hacia otros ya que "todas las criaturas se hallan implicadas entre sí"[309].

* * *

El altruismo para con los desfavorecidos colisionaba con el sistema fiscal establecido en Palestina (o Judea) por los romanos[310]. Les preocupaba el gran poder de convocatoria

---

[305] El nombre de Jesús de Nazaret seguramente fue añadido a los apuntes recogidos por su discípulo Platón, los cuales fueron utilizados en las primeras ediciones de 1513 y 1578, una vez que la historia había ya aceptado y desvelado la identidad mesiánica de Jesús. Me refiero a las ediciones de *Diálogos socráticos (Diálogos de Platón)* publicados por Imprenta Aldina, Venecia, 1513 y por Henri Estienne, París, 1578.

[306] *Sagrada Biblia,* Epístolas de San Pablo, Efesios, 4, p. 1475.

[307] Evangelio de María Magdalena (A), folio 8, líneas 6-9, p. 60.

[308] *Ibidem.*

[309] Evangelio de María Magdalena (A), folio 7, línea 6, p. 51.

[310] En el año 135 d. C. los romanos, al tiempo de abandonar la región, cambiaron nuevamente el nombre de Judea por el de Palestina para referirse a ella.

alcanzado por aquel agitador cuyas prédicas de solidaridad contravenían sus intereses económicos. Además, eran blasfemas porque anunciaban la venida de un nuevo reino distinto al suyo[311]. Pero les resultaba difícil demostrar ninguna de aquellas dos acusaciones. La primera porque Jesús nunca exhortó a sus seguidores a eludir sus obligaciones tributarias con Roma: "hay que dar al César lo que es del César y a Dios lo que es de Dios"[312], contestó a los fariseos cuando subrepticiamente le inquirieron si consideraba lícita su cobranza. Y la segunda porque su reino "no era de este mundo", como declaró ante al procurador romano, Poncio Pilato, cuando este lo interrogó en el pretorio de Jerusalén[313].

Tampoco sus paisanos judíos podían presentar cargos contra Jesús en materia de religión ya que él había tenido buen cuidado en mostrarse respetuoso con la Ley o los profetas, la cual él mismo acataba sin pestañear. Como les decía a sus acólitos, él "no había venido a abrogar la ley y los profetas, sino a consumarla". Es más, les advirtió que "si alguno descuidase uno de los preceptos de la ley de los profetas sería tenido por menor en el reino de los cielos"[314].

Más difícil se lo puso el escriba que le planteó la disyuntiva de si, para salvarse, era preferible amar al prójimo o bien hacer holocaustos. Jesús se salió por la tangente diciéndole: "No estás lejos del reino de Dios"[315]. Igual de evasivo se mostró cuando le preguntaban "de dónde le venía su po-

---

[311] *Sagrada Biblia*, Evangelio de San Lucas, 7, p. 1311.

[312] *Sagrada Biblia*, Evangelio de San Mateo, 22, p. 1259.

[313] *Sagrada Biblia*, Evangelio de San Juan, 18, p. 1371.

[314] *Sagrada Biblia*, Evangelio de San Mateo, 5, p. 1233.

[315] *Sagrada Biblia*, Evangelio de San Marcos, 12, p. 1291.

der para hacer "aquellas cosas", si del cielo o de los hombres (refiriéndose a sus milagros y a su magnetismo popular). A estos les devolvió la pregunta inquiriéndoles si acaso sabían ellos de dónde le vino su poder a Juan el Bautista para hacer "aquellas cosas". No sabiendo los interpelados qué contestarle los despachó diciendo: "pues entonces tampoco voy a deciros con qué poder las hago yo"[316].

Lo cierto es que "los príncipes de los sacerdotes y los fariseos temían a la muchedumbre que le tenían a Jesús por profeta"[317]. No era para menos, a la vista del recibimiento que la multitud le había prodigado la víspera de aquella última Pascua cuando entró en Jerusalén a lomos de una borriquilla en medio de aclamaciones: "¡Este es Jesús el Profeta, el de Nazaret de Galilea!"[318]. Aquellas muestras de adhesión no disuadieron a Jesús de encararse con los cambistas y mercaderes que tenían el templo invadido de tenderetes y de arremeter públicamente contra ellos por "convertir aquel espacio sagrado en una cueva de ladrones"[319].

Aquel episodio no hizo más que echar leña al fuego. Los intentos de José de Arimatea y de Nicodemo, miembros del sanedrín, de interceder por él, primero ante Poncio Pilato, gobernador romano de la provincia de Judea, y luego ante Herodes Antipas, rey tetrarca judío de la subprovincia de Galilea, no surtieron efecto.

---

[316] *Sagrada Biblia,* Evangelio de San Mateo, 21, p. 1258.
[317] *Sagrada Biblia,* Evangelio de San Mateo, 21, p. 1259.
[318] *Sagrada Biblia,* Evangelio de San Mateo, 21, p. 1257.
[319] *Sagrada Biblia,* Evangelio de San Mateo, 21, p. 1257.

A aquellas alturas Jesús sabía que su destino sería la cruz. Y luego la paz. El ansiado retorno al espacio sideral de donde procedía. A María Magdalena y a Judas Iscariote les había confiado en privado aquella certidumbre que se cernía sobre su ánimo:

> Salí del Padre y vine al mundo. De nuevo dejo el mundo y me voy al Padre[320] [...]. Voy hacia la estirpe grande y santa[321] [...]. Voy al silencio. Allá alcanzaré el reposo de la eternidad del tiempo[322].

Para eso debía liberarse antes del cuerpo que lo atrapaba. A Judas Iscariote le pidió su complicidad para acelerar aquel martirio: "tú los superarás a todos ellos porque tú sacrificarás el cuerpo en el que vivo"[323]. Aunque "sufrirás por ello, pues serás rechazado por los doce"[324], le advirtió. En el huerto de Getsemaní Judas cumplió su encargo, entregándolo a la soldadesca que iba en su busca para llevarlo a la casa del sumo sacerdote Caifás y hacerle comparecer ante el sanedrín[325].

Estaba a punto de cumplirse la profecía de Isaías vaticinando, siete siglos atrás, el juicio injusto al que sería sometido el futuro Mesías, así como los padecimientos que le infli-

---

[320] *Sagrada Biblia,* Evangelio de San Juan, 16, p. 1368.

[321] Evangelio de Judas (A), p. 76.

[322] Evangelio de María Magdalena (A), folio 17, líneas 4-6, p. 80.

[323] Evangelio de Judas (A), folios 56-57, p. 68.

[324] Evangelio de Judas (A), p. 71.

[325] *Sagrada Biblia,* Evangelio de San Mateo, 26, p. 1267; San Marcos, 14, pp. 1293-1295; San Lucas, 22, p. 1338.

girían antes de darle muerte. Por causa, diría luego la Iglesia, de los pecados de la humanidad. Isaías se refería a las perversiones cometidas por el rey Manasés que él padeció en su propia carne[326] las cuales eran buen ejemplo de las ignominiosas conductas que las Sagradas Escrituras atribuían al pueblo de Israel y que Jesús hacía extensivas a la humanidad en su conjunto. El profeta tuvo el atrevimiento de denunciarlas a los cuatro vientos, lo que pagaría con el precio de su vida[327]. Pensó que quien tuviera el coraje de asumir el mesianismo salvador y de defender apasionadamente los principios de justicia correría su misma suerte. De ahí su vaticinio sobre la muerte del futuro Mesías.

Sus últimas horas las pasó Jesús departiendo con sus discípulos en el cenáculo de una casa situada sobre el monte Sion propiedad de su buen amigo José de Arimatea[328]. Fue probablemente él (como miembro que era del sanedrín) quien le habría advertido sobre los detalles de su condena: "me condenarán a muerte y me entregarán a los gentiles para que me hagan escarnio, para que me azoten y me crucifiquen"[329], les dijo. Y alzando su copa pronunció a modo de despedida las siguientes palabras: "No beberé más de este fruto de la vid hasta el día en que lo beba con vosotros de nuevo en el reino de mi Padre"[330].

---

[326] Sobre los pecados específicos de Manasés, cf. *Sagrada Biblia*, Reyes, 21, p. 456-457.

[327] Isaías terminó por ser ejecutado (se dice que fue seccionado su cuerpo) por orden del rey Manasés.

[328] *Sagrada Biblia,* Evangelio de San Mateo, 26, p. 1266.

[329] *Sagrada Biblia,* Evangelio de San Mateo, 20, p. 1256.

[330] *Sagrada Biblia,* Evangelio de San Mateo, 26, p. 1266.

Su tarea estaba cumplida. Su gran verdad revelada: el mundo se componía de todos y no había salvación posible sin todos, incluidos los pobres, los humildes, los tristes, quienes se veían compelidos a vivir en los márgenes o a abandonar sus tierras[331]. A su rescate acudiría la buena gente[332], quienes buscaran la conciliación sin llevar cuenta de los agravios[333], quienes fueran caritativos y misericordiosos y supieran ponerse en la piel del otro[334]. Ellos serían los artífices del restañamiento de la fractura que descomponía a la humanidad. Los artífices de nuestra salvación. Con todos ellos tenía Jesús una cita allá "en la estirpe grande y santa que no está sujeta a señor alguno[335] [...] en el reino ilimitado en el cual hay un grandioso e invisible Espíritu[336], donde el bien confluye para la eternidad del tiempo"[337]. Allá juntarían sus caudales de bien para generar e inocular bien cósmico en la humanidad.

Ahora les correspondería a sus discípulos tomar el relevo de su pasión evangélica. Debían seguir proclamando la gran verdad para fomentar el bien con el que alimentar la "estirpe grande, el reino ilimitado, el espíritu grandioso", es decir, la consciencia cósmica a la que atribuía su filiación paterna: "Salí del Padre y vine al mundo. De nuevo dejo el

---

[331] *Sagrada Biblia,* Evangelio de San Mateo, 5, p. 1233; 20, p. 1257.

[332] *Sagrada Biblia,* Evangelio de San Mateo, 5, p. 1232.

[333] *Sagrada Biblia,* Evangelio de San Mateo, 5, p. 1233 y 1234; 6, 9, p. 1235.

[334] *Sagrada Biblia,* Evangelio de San Mateo, 7, p. 1236.

[335] Evangelio de Judas (A), p. 76.

[336] Evangelio de Judas (A), pp. 25, 72 y 76.

[337] Evangelio de María Magdalena (A), folio 17, líneas 4-6, p. 80.

mundo y me voy al Padre"[338]. La consciencia cósmica que premunida del bien recibido de nuestras consciencias al morir lo redituaría al conjunto de la humanidad: "El Hijo no puede hacer nada por sí mismo, sino lo que ve hacer al Padre, porque lo que este hace lo hace igualmente el Hijo"[339].

Difundir aquella gran verdad[340] conllevaba un alto riesgo del que los apóstoles estaban advertidos: "Os entregarán a los tormentos y os matarán y seréis aborrecidos por todos los pueblos a causa de mi nombre"[341].

María Magdalena, su madre María y su discípulo Juan, fueron los únicos que lo acompañaron hasta el pie de la cruz. "Llegada ya la tarde en la víspera del sábado, José de Arimatea, ilustre consejero del sanedrín, el cual también esperaba el reino de Dios, se presentó a Pilato a pedirle el cuerpo de Jesús"[342]. Habiéndolo obtenido, lo depositó en un sepulcro de su propiedad, lugar del que aquel cuerpo sería removido sin que nunca más se tuvieran indicios sobre su paradero[343].

La idea de que Jesús había resucitado respondía a la aventurada interpretación que los evangelistas hicieron de uno de los salmos de David donde este rey expresaba su confianza en Dios ante la existencia de una vida eterna: "mi carne descansa segura pues no abandonarás mi alma al *Sheol*

---

[338] *Sagrada Biblia,* Evangelio de San Juan, 16, p. 1368.

[339] *Sagrada Biblia,* Evangelio de San Juan, 5, p. 1350.

[340] *Sagrada Biblia,* Evangelio de San Lucas, 9, p. 1314.

[341] *Sagrada Biblia,* Evangelio de San Mateo, 24, p. 1262.

[342] *Sagrada Biblia,* Evangelio de San Marcos, 15, p. 1297; Evangelio de San Mateo, 27, p. 1271.

[343] *Sagrada Biblia,* Evangelio de San Mateo, 28, p. 1271.

[...] tú me enseñarás las delicias de la diestra para siempre"[344]. Estos exponentes darían pie a la creencia evangélica en la resurrección de los muertos, idea que extrapolarían a la resurrección de Cristo como un hecho tangible[345].

Jesús no resucitó corporalmente, sucedió simplemente que su espíritu, su estela, no desaparecería. Reintegrado ya en la consciencia cósmica volvería a las consciencias de quienes estuvieran listos para cooptar su inmenso aporte de bien siendo este su modo de resucitar y de eternizarse. Así se lo hizo ver María Magdalena a los demás discípulos cuando fue a su encuentro para confortarlos:

> El bien ha venido entre vosotros[346] [...]. No lloréis y no os entristezcáis; no vaciléis más pues su gracia descenderá sobre todos vosotros y os protegerá [...] pues nos ha preparado para ser plenamente hombres. Dicho esto, Mariam convirtió sus corazones al bien[347].

Los apóstoles, tal como él les había pedido, tomarían el relevo para continuar difundiendo "la gran verdad por el mundo"[348], misión que cumplirían, efectivamente, a costa de sus vidas[349]. Algunos de ellos (Juan, Judas Iscariote, María

---

[344] *Sagrada Biblia,* Salmos, David, 16, p. 728.

[345] *Sagrada Biblia,* Evangelio de San Juan, 20, p. 1374.

[346] Evangelio de María Magdalena (A), folio 7, línea 20, p. 56.

[347] Evangelio de María Magdalena (A), folio 9, líneas 14, 15, 17,18 y 19, pp. 67-68.

[348] *Sagrada Biblia,* Evangelio de San Mateo, 10, p. 1240; 24, p. 1262.

[349] *Cf.* nota 18.

Magdalena y Felipe) lo harían en el marco de sectas gnósticas poniendo el acento, sobre todo, en el pensamiento escatológico de Jesús. Los demás apóstoles lo pondrían en su programa empírico basado en la solidaridad y el altruismo. Unos y otros levantarían así los pilares de la iglesia cristiana primitiva[350].

---

[350] La Iglesia representaría este episodio fundacional mediante el pasaje de Pentecostés. *Sagrada Biblia,* Hechos de los Apóstoles, 2, p. 1591.

Epílogo

Jesús había admitido su papel mesiánico en cumplimiento de las profecías y en atención a la fe que sus seguidores pusieron en ellas. Lo hizo con el firme propósito de difundir un plan de salvación que rescatara a la humanidad de su quebranto. Buceó para ello en diversas fuentes de pensamiento, desde el judaísmo bíblico hasta el hinduismo y el helenismo, proclamando que era hijo de Dios, pero como cualquier otro ser humano que eligiera cooptar el bien. En tal caso no solo se era hijo de Dios, sino Dios mismo. Todos por igual.

Estas ideas chocarían con el imperialismo romano y luego con la ortodoxia católica en la medida que contravenían su sistema jerárquico basado en la superioridad de Dios sobre los hombres y en el dominio de las prelaturas sobre los prosélitos[351]. En los cenáculos gnósticos primitivos, deudores de la filosofía de Jesús, se rechazaban aquellos principios categóricos tan contrarios a la idea de un Dios consustanciado con el hombre. Ello hizo que alrededor del año 390 d. C. se emprendiera una contumaz persecución contra las consideradas sectas gnósticas y que sus componentes tuvieran que buscar refugio en otros lugares,

---

[351] Evangelio de Tomás, p. 105.

algunos en Europa[352], no sin antes ocultar sus escritos en vasijas de cerámica enterrándolas en diversos lugares de Egipto y Palestina[353]. Tampoco se librarían de la persecución los demás apóstoles de Jesús que ejercieron públicamente su ministerio en defensa de los desfavorecidos[354], ni la multitud de seguidores que se adhirieron a sus prédicas. Entre el año 64, bajo el reinado de Nerón, y el 313 con el Edicto de Milán, fueron millares los cristianos que murieron bajo tortura por aquella causa.

---

[352] Se cree que se refugiaron en el sur de Francia agrupándose en el movimiento de los cátaros. En el año 1209 el papa Inocencio III lanzó una cruzada contra aquel reducto del cristianismo primitivo disidente. En 1243 la fortaleza cátara de Montsegur, en los Pirineos, fue destruida y sus seguidores ejecutados. El movimiento cátaro continuó viviendo en la clandestinidad hasta el siglo XV.

[353] Para los detalles de estas fuentes ver el apartado dedicado a ellas en la Introducción del texto.

[354] *Cf.* nota 18.

Apéndices

Sinopsis sobre el Israel bíblico

El asentamiento de los hebreos en Canaán data de los tiempos en que Yahvé ordenó a Abraham abandonar Ur de Caldea, en Mesopotamia, para que se estableciera con los suyos en una nueva tierra, la futura Palestina[355]. Era el suyo el pueblo hebreo o pueblo de Jacob, o bien de Israel, como también se llamaba a aquel hijo de Abraham. Una vez allí los hebreos debieron afrontar sucesivas ocupaciones de otros pueblos: emitas, fenicios y cananeos. Finalmente, llegarían los filisteos. Estos últimos darían nombre a Palestina, "país de filisteos", en tiempos romanos.

Los filisteos fundaron en la región cinco ciudades (una de ellas Gaza), surgiendo entre ellos y los hebreos un conflicto por la hegemonía territorial. En este contexto los hebreos, para fortalecerse ante la amenaza de posibles competidores políticos, se constituyeron como reino. Sin embargo, hacia el año 1800 a. C., atenazados por varios ciclos de prolongadas hambrunas, se vieron obligados a abandonar aquel territorio y emigrar a Egipto, país donde permanecerían cautivos durante quinientos años.

Su regreso a Canaán desde Egipto, el llamado Éxodo, lo iniciaron hacia el año 1265 a. C. por inspiración de su

---

[355] En la actualidad Canaán se corresponde con el Estado de Israel, los territorios de Palestina (franja de Gaza y Cisjordania) la zona occidental de Jordania y algunos puntos de Siria y Líbano.

dios Yahvé. La expedición duraría unos cuarenta años, debiendo cruzar el mar Rojo y atravesar los siete desiertos que mediaban entre Egipto y la Tierra Prometida o Canaán. En ella participaron las doce tribus que componían el pueblo hebreo[356], en número de unos seiscientos mil varones. Los israelitas atribuyeron a Yahvé el liderazgo de aquel éxodo que los conduciría de vuelta a Canaán, la tierra que él mismo había prometido a sus patriarcas Abraham, Isaac y Jacob (o Israel) y de la que ahora debían reapropiarse. Aunque Yahvé designó a Moisés como cabecilla de la expedición, él mismo los acompañaba en todo momento mostrándose "en fuego durante la noche y en nube durante el día"[357]. Él se ocuparía de darles las leyes y mandamientos por los que debían regirse. Unas se las entregaría personalmente a Moisés en el monte Sinaí y otras las mandaría depositar en el Tabernáculo[358].

Las adversidades del camino no fueron pocas, sobre todo porque los territorios que atravesaban se hallaban ocupados por diferentes pueblos a los que los hebreos o israelitas tuvieron que disputarles el alimento, el agua y el asiento transitorio. Las órdenes de destrucción contra quienes opusieran resistencia eran precisas y la obediencia a ellas inapelable, so pena de serles vetada su entrada en la Tierra Prometida[359].

---

[356] Fueron las siguientes: Judá, Rubén, Gad, Aser, Neftalí, Manasés, Simeón, Leví, Isacar, Zabulón, José y Benjamín.

[357] Deuteronomio, 1-2, p. 203.

[358] Lugar sagrado donde Yahvé tenía su "residencia" y donde se depositaban los objetos que lo representaban.

[359] *Sagrada Biblia,* Deuteronomio, 1-2, p. 205.

Palestina en tiempos de Jesús

Las doce tribus de Israel (hacia 1200 -1050 a. C.)

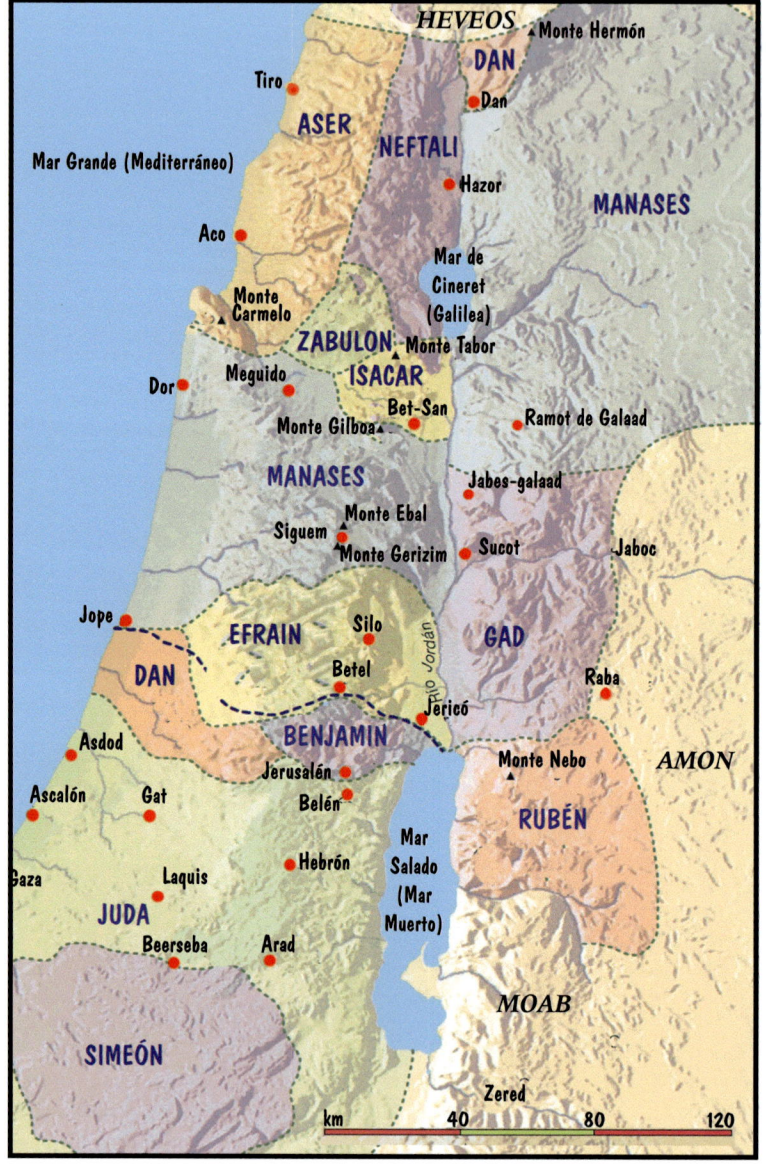

Aquel 'favor' que Yahvé les había hecho a los israelitas no era gratuito. Estos deberían "recordar durante toda su vida que Yahvé los había liberado de la esclavitud en Egipto", gracia que habían de pagarle mediante un pacto de alianza incondicional y *ad eternum* [360]: "No servirás a otros dioses, porque esto sería para vosotros la ruina"[361], les ordenó. La Pascua que se celebraba en el mes de Abib[362], así como los holocaustos y sacrificios, servirían para ritualizar este pacto de lealtad, el cual debía materializarse con el depósito en el Tabernáculo de "los objetos de oro, plata, bronce y hierro procedentes de los saqueos que los israelitas perpetraban sobre sus enemigos"[363].

A pesar de su protección incondicional a los israelitas, Yahvé no las tuvo todas consigo. Lo culpaban de las penurias que aquella travesía les hacía padecer llegando a considerar que su salida de Egipto más que una liberación estaba siendo para ellos un castigo[364].

De ahí las prácticas de idolatría que menudearon en sus campamentos. La primera o más flagrante la protagonizaron durante los cuarenta días en los que Moisés se ausentó al Sinaí para recibir de Yahvé los Mandamientos. A su regreso se los encontró a todos adorando a otros dioses

---

[360] *Sagrada Biblia,* Éxodo, 13, p. 79.

[361] *Sagrada Biblia,* Deuteronomio, 7, p. 214.

[362] Las otras eran Pentecostés, siete semanas después de iniciar la cosecha del trigo con ofrendas a Yahvé, y la fiesta de los Tabernáculos, una vez recogido el producto de la era y del lagar, con ofrendas a Yahvé conforme hayan sido sus cosechas. Deuteronomio, 15-16, pp. 224-225.

[363] *Sagrada Biblia,* Josué, 6-7, p. 256.

[364] *Sagrada Biblia,* Deuteronomio, 1, p. 205.

o *baales*[365]. Yahvé estuvo persuadido de que "servían a Baal y Astarté"[366] y no escatimó amenazas por aquellas apostasías:

> Israel se levantará y se prostituirá ante dioses ajenos, los de la tierra adonde va y romperá mi pacto [...] y se encenderá entonces mi furor contra él y yo lo abandonaré y esconderé de él mi rostro [...] y vendrá sobre él muchos males y aflicciones [...] y en tiempos venideros le alcanzará la desventura por haber hecho lo que es malo a los ojos de Yahvé[367].

Aquel era un dios implacable. Por mucho menos que eso le vetó al propio Moisés su entrada en la Tierra Prometida. Después de tantas penurias que padeció para llegar hasta allí, tan solo le fue dado divisarla desde el monte Nebo, frente a Jericó, poco antes de morir[368]. Tomó entonces el mando de la expedición su lugarteniente Josué bajo cuya jefatura los israelitas cruzarían el río Jordán hacia el año 1225 a. C.

Los israelitas acometieron entonces la conquista de Canaán. Pero aquellas tierras no estaban vacías, por lo cual,

---

[365] *Ibidem.*

[366] *Sagrada Biblia,* Jueces, 2, p. 282.

[367] *Sagrada Biblia,* Deuteronomio, 3, p. 244.

[368] "Porque pecaste contra mí en medio de los hijos de Israel, en las aguas de Meriba, en Cades, en el desierto de Sin, no santificando mi nombre, tú verás ante ti la tierra, pero no entrarás en esa tierra que doy yo a los hijos de Israel". *Sagrada Biblia,* Deuteronomio, 32, p. 247 y Deuteronomio, 3, p. 208.

siguiendo los dictados de Yahvé, había que sojuzgar o bien destruir a los pueblos que las habitaban:

> En la tierra que vais a poseer tendréis que enfrentaros a muchos pueblos, a jeteos, guergueseos, amorreos, cananeos, fereceos, jeveos y jebuseos, siete naciones más numerosas y más poderosas y cuando tú los derrotes, las darás en anatema y no harás pactos con ellas[369].

Yahvé seguía protegiéndolos en todo momento con sus prodigios[370]. Así las batidas militares estuvieron precedidas por aluviones de tábanos que se cernían sobre los enemigos[371]. Por medio de sus revelaciones y oráculos daba a Josué órdenes muy precisas sobre los procedimientos que debía emplear para llevar a cabo sus conquistas y sobre el trato que debía dispensar a los vencidos: "devorarás a todos los pueblos que Yahvé tu Dios va a entregarte, tus ojos no los perdonarán"[372]. Él lo obedecía sin pestañear:

> Se apoderó de Maceda y la destruyó [...]. Pasó a Libna y a Laquis y las atacó, y las pasó al filo de la espada con todos los vivientes que en ellas había sin dejar escapar a nadie [...]. Luego Josué pasó a Hebrón y atacaron la ciudad y la pasaron al filo de la espada, a ella y a todas las ciudades dependientes y a todos los vivientes que en ellas se hallaban [...]. Luego se volvió contra Dabir y la atacó a ella y a todas las ciuda-

---

[369] *Sagrada Biblia*, Deuteronomio, 7, p. 213-214.
[370] *Sagrada Biblia*, Deuteronomio, 31, p. 243.
[371] Yahvé les dijo esto tras el primer reparto de la Tierra Prometida, *Sagrada Biblia*, Josué, 24, p. 279.
[372] *Sagrada Biblia*, Deuteronomio, 7, p. 214.

des dependientes […]. Josué batió toda la tierra, la montaña, el medio día, los llanos, las pendientes con todos sus reyes sin dejar escapar a nadie, dando al anatema a todo viviente como lo había mandado Yahvé. Batiolos desde Cadesbarne hasta Gaza y todo el territorio de Gosen hasta Gabaón[373]. Los israelitas derrotaron a cananeos y fereceos no sin antes amputarles a sus reyes los pulgares de manos y pies. Josué batió toda la tierra, la montaña, el mediodía, los llanos y las pendientes con todos sus reyes sin dejar escapar a nadie y dando al anatema a todo viviente como lo había mandado Yahvé Dios de Israel[374]. También conquistaron Jerusalén pasando a sus habitantes al filo de la espada y pegando fuego a la ciudad[375].

A pesar de la protección dispensada por Yahvé, fueron continuas las transgresiones y traiciones que los israelitas cometían contra su dios. Él lo sabía. Por medio de un ángel mensajero le advirtió a Josué que "muchos israelitas estaban traspasando su alianza pactando con los vencidos y no destruyendo sus altares y acusándolos además de tomar cosas de las dadas al anatema y de guardarlas entre sus enseres"[376]. Josué trataba de amonestarlos y persuadirlos sobre la bondad y firmeza de "aquel dios santo y celoso que los había sacado de Egipto, advirtiéndoles que él no perdonaría sus transgresiones"[377], que "si levantaban ídolos a otros dioses serían

---

[373] *Sagrada Biblia*, Josué, 10, p. 263.
[374] *Sagrada Biblia*, Josué, 1-11, pp. 262-263.
[375] *Ibidem.*
[376] *Sagrada Biblia*, Josué, 7, p. 257.
[377] *Sagrada Biblia*, Josué, 28, p. 280.

enteramente destruidos[378] lapidándolos hasta morir[379]. Pero tales amenazas no disuadieron a los israelitas de seguir cometiendo herejías y apostasías contra Yahvé.

Cuando la ocupación de Canaán estuvo prácticamente concluida, hacia 1050 a. C., se procedió a distribuir las tierras en heredad entre las doce tribus de Israel tal como Moisés lo había ordenado[380]. Cada tribu debía estar dirigida por un consejo de ancianos, y todas ellas por una asamblea encabezada por un juez.

Los israelitas eran conscientes de que aquella ocupación no había sido legítima. Ni siquiera el propio Yahvé consideraba a los israelitas merecedores de un territorio que, según sus palabras, "[…] no habéis logrado con vuestro arco ni con vuestra espada. Una tierra que no habéis cultivado, ciudades que no habéis edificado y en ellas habitáis y coméis el fruto de viñas y olivares que no habéis plantado"[381].

Pronto surgieron disensiones entre ellos. Las tierras de Canaán se dividieron en dos lotes separados por el río Jordán, las de Galaad y las de Canaán propiamente. Cuando se procedió a su reparto entre las doce tribus, las tierras de Galaad se adjudicaron a los hijos de Rubén, Gad y Manasés. Estos decidieron edificar su propio altar para dar culto a sus dioses, con independencia del Tabernáculo de Yahvé que supuestamente debían compartir todos los israelitas. Cuando estos cismáticos tuvieron que comparecer ante la asamblea

[378] *Sagrada Biblia,* Deuteronomio, 4, p. 210.
[379] *Sagrada Biblia,* Deuteronomio, 13, p. 222.
[380] *Sagrada Biblia,* Josué, 12-13, pp. 264-265.
[381] *Sagrada Biblia,* Josué, 23-24, p. 279.

para dar cuenta de aquella escisión adujeron que ellos "no tenían nada en común con Yahvé, el dios de Israel, puesto que él les había puesto el Jordán como frontera con las demás tribus"[382]. No obstante, en su descargo, prometieron que en su altar también ofrecerían holocaustos a Yahvé como "testimonio de unión entre nosotros y vosotros, y que por eso llamaban a su altar "Ed" [testigo]"[383].

Más allá de este significativo episodio de disidencia, la adoración a *baales* fue práctica habitual en todo el territorio[384]. Los israelitas no dudaron en pactar alianzas con los "cananeos, jeteos, amorreos, ferezeos, jeveos y jebuseos, pueblos enemigos a cuyos dioses estaban sirviendo y cuyas mujeres se habían intercambiado"[385]. No parece que existieran mecanismos eficaces para evitarlo ya que hasta los "propios jueces se prostituían yéndose tras los dioses extraños"[386]. Esto encendía la cólera de Yahvé quien acusaba a los israelitas de "romper el pacto que él había establecido con sus padres". Les advirtió que si perseveraban en aquella actitud "tendrían en su tierra a los aliados como enemigos y sus dioses serían sus lazos [cadenas]"[387].

Poco a poco todas las tribus se fueron separando de Yahvé, excepto las de Israel y Judá. Por más que Yahvé les pedía que guardaran las leyes y mandamientos que él les había dictado no escucharon su petición, sino que al final

---

[382] *Sagrada Biblia,* Josué, 22-23, pp. 277-278.
[383] *Ibidem.*
[384] Estos eran Baal y Astarté.
[385] *Sagrada Biblia,* Jueces, 2-3, p. 283-284.
[386] *Ibidem.*
[387] *Sagrada Biblia,* Jueces, 2, p. 282.

todas ellas excepto la de Judá, "rechazaron sus leyes y la alianza que había hecho con sus padres [...] y cayeron en la vanidad como los pueblos que los rodeaban y a quienes Yahvé les había prohibido imitar"[388]. Por eso "Yahvé las arrojó a todas de su presencia y no quedó más que la tribu de Judá. Pero tampoco Judá guardaría sus mandamientos"[389].

El último de los jueces que gobernó a los israelitas fue Samuel, de la tribu de Leví. Cuando Samuel envejeció y perdió facultades, los ancianos le dijeron: "danos un rey para que nos juzgue". Ante su tribulación Yahvé le consoló diciendo: "no es a ti a quien rechazan, sino a mí para que no reine sobre ellos, como han hecho conmigo desde que los saqué de Egipto dejándome para irse a otros dioses, así hacen ahora contigo"[390].

Antes de abandonar su puesto, a Samuel le correspondió ungir a los dos primeros reyes de Israel, Saúl y David, ambos de la estirpe de Judá de la que nacería Jesús. A David le sucedería Salomón quien, hacia el año 960 a. C., edificaría el primer templo de Jerusalén. Para entonces esta era la única tribu que permanecía fiel a Yahvé. A la muerte de Salomón (922 a. C.) las tribus de Israel se separaron en dos reinos, uno al norte (Israel) y otro al sur (Judá).

La competencia con otros dioses o *baales* persistió a lo largo del tiempo. El profeta Elías (900 a. C.) le censuraba a Acab, séptimo rey de Israel, que se hubiera "apartado de los

---

[388] *Sagrada Biblia,* Reyes, 17, p. 450.
[389] *Ibidem.*
[390] *Sagrada Biblia,* Samuel, 8-10, p. 324.

mandamientos de Yahvé yéndose tras los *baales*"[391]. Por este motivo le instó a "convocar a todo Israel en el monte Carmel". De los profetas que los acompañaron, cuatrocientos cincuenta eran de Baal que comían en la mesa de Jezabel. De Yahvé tan solo había uno que era el propio Elías"[392]. Yahvé les recriminó diciendo: "me habéis provocado con no-dioses y yo os provocaré con no-pueblo"[393], y así lo hizo. Castigó la infidelidad de los israelitas poniéndolos bajo el dominio de "Eglón, rey de Moab durante dieciocho años"[394] y de "Cusán Risataim, rey de Palestina, otros ocho años"[395].

El reino hebreo sufriría sucesivas invasiones. Nabucodonosor II de Babilonia, tras separarse del imperio asirio, se anexionó el reino de Judá destruyendo en el año 587 a. C. el primer templo de Jerusalén. Buena parte de sus habitantes fueron deportados a Babilonia viviendo allí como siervos.

Durante el reinado de Artajerjes, uno de los judíos cautivos en Babilonia, Mardoqueo, de la tribu de Benjamín, se rebeló contra un mandatario asirio, Amán. A consecuencia de ello se publicó en Susa un edicto donde el rey ordenaba que:

> Todos los por mí señalados, con sus mujeres e hijos, sean de raíz exterminados por la espada de sus enemigos, sin misericordia ni piedad, el día catorce del mes duodécimo de Adar del presente año.

---

[391] *Sagrada Biblia,* Jueces, 3, p. 284.
[392] *Sagrada Biblia,* Reyes, 18, p. 418-19.
[393] *Sagrada Biblia,* Deuteronomio, 32, p. 246.
[394] *Sagrada Biblia,* Jueces, 3, p. 284.
[395] *Ibidem.*

Acto que justificaba por ser aquel "un pueblo odioso por sus leyes, opuesto a todas las naciones, que continuamente traspasa los mandatos de los reyes e impide que tengan efecto las medidas de gobierno por mi intachablemente ordenadas"[396].

Por mediación de Ester, una hebrea que se convertiría en reina de Persia, este edicto no se cumplió. A pesar de ello los israelitas provocaron una matanza en Susa contra los súbditos de Amán. Por un decreto de Ciro el Grande, cincuenta mil deportados, liderados por Zorobabel, regresarían a Israel en el año 538 a. C. Fueron ellos los que, entre 536 y 516 a. C., reconstruyeron el templo de Jerusalén. Un grupo regresó a Judea en el 456 a. C., poniéndose allí bajo la protección de Persia.

En el año 333 a. C., Alejandro Magno, rey de Grecia (356-323 a. C.), conquistó Judea después de haber derrotado a Persia. El rey seléucida Antíoco IV Epífanes (175-164 a. C.)[397] prohibió los ritos judíos y la observancia de la Torá, saqueó Jerusalén y profanó el templo. Como consecuencia de ello se produjo la rebelión de los Macabeos (167-160 a. C.) quienes, bajo el liderazgo de Simón, el sumo sacerdote, consiguieron independizarse de Grecia, aunque su impronta cultural no desaparecería. Uno de sus hijos fundaría la dinastía macabea de los Hasmoneos proclamando la independencia judía que se prolongaría entre el 164 y el 63 a. C. Los Hasmoneos subordinaron Galilea a las leyes judías de Jerusa-

---

[396] *Sagrada Biblia,* Ester, 3, 13, p. 607-8.

[397] Tras la muerte de Alejandro el territorio de Judea se lo disputaron sus generales, pasando a formar parte del Imperio seléucida.

lén, como centro religioso y de poder tributario. Esto favoreció su integración en el pueblo judío (del cual nunca estuvo radicalmente diferenciado).

Finalmente llegarían los romanos, cuyo dominio se extendió entre el 64 a. C. y el 135 d. C. Roma dio al traste con la independencia judía y puso la región bajo la supervisión del gobernador romano de Siria dándole el nombre de Palestina (Siria-Palestina) y admitiendo la permanencia del rey Herodes I para su jefatura local (40 a. C. - 4 d. C.).

Herodes I gobernó con mano de hierro. A su muerte, en el año 4 d. C., se produjeron rebeliones que fueron reprimidas con brutalidad. Repartió su reino entre sus tres hijos: a Herodes Antipas le dio Galilea y Perea; a Arquelao Idumea, Judea y Samaria, y a Filipo las tierras gentiles del norte (Galaunítida, Traconítida y Auranítida). En aquel contexto, en la ciudad de Nazaret, en la provincia de Galilea, nacería Jesús.

Cuadro cronológico[398]

Llegada de Abraham a Canaán.	n/s.
Salida de Abraham hacia Canaán desde Ur de Caldea (Mesopotamia).	s. XX a. C.
Llegada de los israelitas a Egipto.	1876 a. C.
Éxodo. Salida de los israelitas de Egipto (bajo Ramsés II).	1265 a. C.
Llegada de los israelitas a Canaán, la Tierra Prometida.	1225 a. C.
Samuel, el último de los jueces de Israel.	1095 a. C. n/s.
Saúl, primer rey de Israel. Unificación de las tribus de Israel.	1020-966 a. C.
Rey David.	1040-970 a. C.
Rey Salomón (reinado).	1010-922 a. C.
Construcción del primer templo de Jerusalén por Salomón.	960 a. C.
Elías, profeta.	900 a. C.
Isaías, profeta.	765-695 a. C.

---

[398] Las fechas bíblicas son aproximadas o tentativas.

Miqueas, profeta.	735-700 a. C.
Jeremías, profeta.	626-586 a. C.
Daniel, profeta.	600-530 a. C.
Destrucción del primer templo de Jerusalén por Nabucodonosor.	587 a. C.
Fariseos.	587 a. C.
Deportación de los judíos a Babilonia.	586-537 a. C.
Regreso de Babilonia de los deportados por decreto de Ciro I el Grande.	538 a. C.
Edificación del segundo templo de Jerusalén.	536-516 a. C.
Parménides, filósofo griego.	530 a.C.- n/s.
Sócrates, filósofo griego.	470-399 a. C.
Platón, filósofo griego.	427-347 a. C.
Aristóteles, filósofo griego.	384-322 a. C.
Alejandro Magno, rey de Grecia.	356-323 a. C.
Ocupación de Palestina por Grecia.	356-323 a. C.
Ben Sirá, escriba judío-helenístico (obra).	190-135 a. C.
Guerra de los Macabeos.	167-160 a. C.
Esenios.	ss. II y I a. C.
Independencia de Judea bajo el gobierno de los Hasmoneos.	164-160 a. C.
Jasón de Cirene, historiador judío-helenístico.	100 a. C.

Juan el Bautista.	90 a. C.- -29 d. C.
Ocupación de Palestina por Roma.	90 a. C.- -29 d. C.
Herodes I el Grande, rey de Judea (reinado).	40 a. C-4 d. C.
Filón de Alejandría, historiador.	20 a. C.- -45 d. C.
Herodes Antipas, rey tetrarca de Galilea (reinado).	4-39 d. C.
Jesús de Nazaret.	4 a.C.-33 d. C.
Judas Iscariote, evangelista gnóstico.	n/s - 33.
Felipe, evangelista gnóstico.	5-80
Tomás, evangelista gnóstico.	n/s - 72.
Quirino, gobernador romano de Siria (año de mandato).	6
María Magdalena, evangelista gnóstica.	15 - n/s.
San Marcos, evangelista canónico.	15-68
Poncio Pilato, magistrado de la provincia romana de Judea (mandato).	26-36
Flavio Josefo, historiador.	37-100
San Juan, evangelista canónico y apócrifo.	60-99
Zelotes.	64
Destrucción del segundo templo de Jerusalén por los romanos.	70

San Mateo, evangelista canónico.	n/s - 74 a 80.
San Lucas, evangelista canónico.	n/s - 80-90.
San Ireneo de Lyon, obispo.	125-202
Evangelio de Judas Iscariote (*Códice tchakos*).	220-340
Manuscritos de Nag Hammadi.	350-400
Eneas de Gaza.	450-534
Dominio de Bizancio.	613
Dominio de los musulmanes de Siria, Mesopotamia, Palestina y Egipto.	638
Inicio de las Cruzadas.	1095
Napoleón proclama un estado judío de Israel.	1799
Dominio otomano.	ss. XVI-XX.
Dominio británico.	1917-1948
Naciones Unidas, partición territorial de Palestina e Israel.	1946-1947

Bibliografía y fuentes

AA.VV., "Hidrógeno y helio en el universo: elementos primordiales y su importancia", blog Observando el universo, https://observandoeluniverso.es/hidro-geno-y-helio-en-el-universo.

ALONSO LÓPEZ, Javier: "El Jesús Histórico", *Arqueología e Historia*, n.º 18.

CAÑEDO-ARGÜELLES, Teresa [2013]: "Dualidad y conflicto en el mundo andino" en *América en la Memoria,* Bilbao, Universidad de Deusto, Asociación Española de Americanistas [Begoña Cava coord.]..

– – – – [2014]: *El Paraguay colonial. Sueño y vigilia de un pueblo itinerante*, Buenos Aires, Sociedad Argentina de Antropología. Asociación Argentina de Antropología.

CARR, Bernard y Florian KÜNEL [2020]: "Primordial black holes as dark matter. Recent developments", en *Annual Review on Nuclear and Particle Science*, 70: 355-394.

DANIEL, *Sagrada Biblia* [versión directa de las lenguas originales por Eloíno Nácar Fuster y Alberto Colunga Cueto], Madrid, Biblioteca de Autores Cristianos, 1969, pp. 1146 -1172.

DEUTERONOMIO, *Sagrada Biblia* [versión directa de las lenguas originales por Eloíno Nácar Fuster y Alberto Colunga Cueto], Madrid, Biblioteca de Autores Cristianos, 1969, pp. 203-249.

ECLESIÁSTICO, *Sagrada Biblia* [versión directa de las lenguas originales, por Eloíno Nácar Fuster y Alberto Colunga Cueto], Madrid, Biblioteca de Autores Cristianos, 1969, pp. 883-940.

EPÍSTOLAS DE SAN PABLO, *Sagrada Biblia* [versión directa de las lenguas originales por Eloíno Nácar Fuster y Alberto Colunga Cueto], Madrid, Biblioteca de Autores Cristianos, 1969, pp. 1418-1438 (Romanos); pp. 1438-1465 (Corintios); pp. 1465-1471 (Gálatas).

ESTER, *Sagrada Biblia* [versión directa de las lenguas originales por Eloíno Nácar Fuster y Alberto Colunga Cueto], Madrid, Biblioteca de Autores Cristianos, 1969, pp. 603-617.

EVANGELIO APÓCRIFO DE JUAN, *Evangelios gnósticos* [introducción y comentarios de Joseph Lumpkin], Blountsville, AL, Fifth Estate Publishers, 2022, pp. 80-102.

EVANGELIO DE FELIPE, Barcelona, Ediciones La Puerta [Retorno a las fuentes tradicionales], 1984.

EVANGELIO DE FELIPE, *Evangelios gnósticos* [introducción y comentarios de Joseph B. Lumpkin], Blountsville, AL, Fifth Estate Publishers, 2022, pp. 50-75.

EVANGELIO DE JUDAS (A) [texto completo del manuscrito, introducción de Marvin Meyer, cátedra Belle Griset de Biblia y estudios cristianos], Orange, Chapman College de California y National Geographic Society, edición especial, 2006.

EVANGELIO DE JUDAS (B), *Evangelios gnósticos* [introducción y comentarios de Joseph B. Lumpkin], Blountsville, AL, Fifth Estate Publishers, 2022, pp. 102-144.

Evangelio de María Magdalena (A) [prólogo de Juli Peradejordi], Barcelona, Ediciones Obelisco, 2004.

Evangelio de María Magdalena (B), *Evangelios gnósticos* [introducción y comentarios de Joseph B. Lumpkin], Blountsville, AL, Fifth Estate Publishers, 2022, pp. 75-80.

Evangelio de San Juan, *Sagrada Biblia* [versión directa de las lenguas originales por Eloíno Nácar Fuster y Alberto Colunga Cueto], Madrid, Biblioteca de Autores Cristianos, 1969, pp. 1343-1376.

Evangelio de San Lucas, *Sagrada Biblia* [versión directa de las lenguas originales por Eloíno Nácar Fuster y Alberto Colunga Cueto], Madrid, Biblioteca de Autores Cristianos, 1969, pp. 1298-1343.

Evangelio de San Marcos, *Sagrada Biblia* [versión directa de las lenguas originales por Eloíno Nácar Fuster y Alberto Colunga Cueto, Madrid, Biblioteca de Autores Cristianos, 1969, pp. 1272-1298.

Evangelio de San Mateo, *Sagrada Biblia* [versión directa de las lenguas originales por Eloíno Nácar Fuster y Alberto Colunga Cueto], Madrid, Biblioteca de Autores Cristianos, 1969, pp. 1230-1272.

Evangelio de Tomás, *Evangelios gnósticos* [introducción y comentarios de Joseph B. Lumpkin], Blountsville, AL, Fifth Estate Publishers, 2022, pp. 102-144.

Éxodo, *Sagrada Biblia* [versión directa de las lenguas originales por Eloíno Nácar Fuster y Alberto Colunga Cueto], Madrid, Biblioteca de Autores Cristianos, 1969, pp. 64-115.

EZEQUIEL, *Sagrada Biblia* [versión directa de las lenguas originales por Eloíno Nácar Fuster y Alberto Colunga Cueto], Madrid, Biblioteca de Autores Cristianos, 1969, pp. 1089-1146.

FLAVIO JOSEFO: *Antigüedades judías,* Madrid, Ediciones Akal, 2 vols., 2024.

– – – – *Guerra de los judíos,* Barcelona, Editorial Clie, 2013.

GÉNESIS, *Sagrada Biblia* [versión directa de las lenguas originales por Eloíno Nácar Fuster y Alberto Colunga Cueto], Madrid, Biblioteca de Autores Cristianos, 1969, pp. 3-249.

HAWKINS, Stephen [1988], *Breve historia del tiempo. Del* Big Bang *a los agujeros negros*, Barcelona, Crítica.

HOMERO [2022], *Ilíada*, Madrid, Alianza editorial.

IRENEO DE LYON [2017], *Contra los herejes*, Ivory Falls Books.

ISAÍAS, *Sagrada Biblia* [versión directa de las lenguas originales por Eloíno Nácar Fuster y Alberto Colunga Cueto], Madrid, Biblioteca de Autores Cristianos, 1969, pp. 940-1002.

JASÓN DE CIRENE, *Historia de los Macabeos -100 a. C.,* en Macabeos II, *Sagrada Biblia* [versión directa de las lenguas originales por Eloíno Nácar Fuster y Alberto Colunga Cueto], Madrid, Biblioteca de Autores Cristianos, 1969.

JEREMÍAS, *Sagrada Biblia* [versión directa de las lenguas originales por Eloíno Nácar Fuster y Alberto Colunga Cueto], Madrid, Biblioteca de Autores Cristianos, 1969, pp. 1002-1071.

JOSUÉ, *Evangelios gnósticos* [introducción y comentarios de Joseph B. Lumpkin], Blountsville, AL, Fifth Estate Publishers, 2022, pp. 250-281.

JUECES, *Sagrada Biblia* [versión directa de las lenguas originales por Eloíno Nácar Fuster y Alberto Colunga Cueto], Madrid, Biblioteca de Autores Cristianos, Madrid, 1969, pp. 281-312.

LIZCANO PELLÓN, Manuel, *Tiempo del Sobrehombre* [edición póstuma prologada y revisada por Emmánuel Lizcano Fernández], Madrid, ISDIBER (Instituto de Estudios Panibéricos), 2010.

LUMPKIN, Joseph B. [2022]: *Evangelios gnósticos* [introducción y comentarios], Blountsville, AL, Fifth Estate Publishers.

MACABEOS, *Sagrada Biblia* [versión directa de las lenguas originales, por Eloíno Nácar Fuster y Alberto Colunga Cueto], Biblioteca de Autores Cristianos, Madrid, 1969, pp. 617-682.

MIQUEAS, *Sagrada Biblia* [versión directa de las lenguas originales, por Eloíno Nácar Fuster y Alberto Colunga Cueto], Madrid, Biblioteca de Autores Cristianos, 1969, pp. 1196-201.

NAZZARI VERANI, Elisabeth [2018]: "El mal según los códices de Nag Hammadi" en *Sincronía*, n.º 73, Universidad de Guadalajara.

PAGOLA, José Antonio [2008]: *Jesús, aproximación histórica*, Madrid, PPC editorial.

PENROSE, Roger [2012], *Las sombras de la mente. Hacia una comprensión científica de la conciencia*, Barcelona, Crítica.

PLATÓN [1965], "La muerte de Sokrates", en *Diálogos de Platón*, Buenos Aires, 1965.

– – – – [2020], *La República*, Madrid, Alianza editorial.

PROVERBIOS, *Sagrada Biblia* [versión directa de las lenguas originales por Eloíno Nácar Fuster y Alberto Colunga Cueto], Madrid, Biblioteca de Autores Cristianos, 1969, pp. 814-846.

REYES, *Sagrada Biblia* [versión directa de las lenguas originales, por Eloíno Nácar Fuster y Alberto Colunga Cueto], Madrid, Biblioteca de Autores Cristianos, 1969, pp. 227-263.

SALMOS, *Sagrada Biblia* [versión directa de las lenguas originales por Eloíno Nácar Fuster y Alberto Colunga Cueto], Madrid, Biblioteca de Autores Cristianos, 1969, pp. 721-814.

SAMUEL, *Sagrada Biblia* [versión directa de las lenguas originales por Eloíno Nácar Fuster y Alberto Colunga Cueto], Madrid, Biblioteca de Autores Cristianos, 1969, I, pp. 316-355; II, pp. 355-388.

SCHOPENHAUER, Arthur [2000], *El arte de insultar (Paralopomena,* vol. V), Madrid, EDAF.

UPANISAD [comentarios de Advaita de Sánkara, edición de Consuelo Martín], Madrid, Ediciones Trotta, 2001.

VIDAL, César [2007], *El documento Q*, Barcelona, Ediciones Planeta.

YONG-CONG CHEN *et al* [2024], "El entrelazamiento cuántico ¿genera conciencia?", en *New Scientist,* Londres, diciembre de 2024.

ZACARÍAS, *Sagrada Biblia* [versión directa de las lenguas originales, por Eloíno Nácar Fuster y Alberto Colunga

Cueto], Madrid, Biblioteca de Autores Cristianos, 1969, pp. 1212-1222.

ZWICKY, Fritz [1963], *Catálogo de galaxias y cúmulo de galaxias*, Pasadena, Instituto de Tecnología de California [6 volúmenes 1961-1968].